2014年安徽省教育厅核心价值观名师工作室项目：
中国特色社会主义理论体系重点难点研究名师工作室（2014SZKMSGZS004）

2014年安徽农业大学教育改革与发展研究项目：
思政理论课学生关心的若干理论问题研究(JF2014-14)

大学生关注的
理论热点面对面

刘 莉　高 红　张传文　方章东◎著

DAXUESHENG GUANZHU DE
LILUN REDIAN MIANDUIMIAN

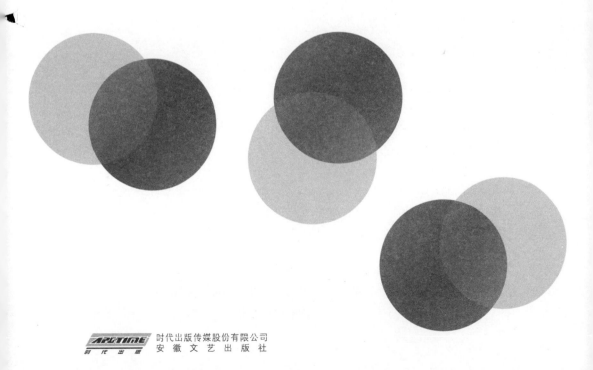

时代出版传媒股份有限公司
安徽文艺出版社

图书在版编目(CIP)数据

大学生关注的理论热点面对面/刘莉,高红,张传文,方章东
著.—合肥:安徽文艺出版社,2015.12(2016.2重印)
ISBN 978-7-5396-5658-8

Ⅰ.①大… Ⅱ.①刘… ②高… ③张… ④方… Ⅲ.①高
等学校-思想政治教育-研究-中国 Ⅳ.①G641

中国版本图书馆 CIP 数据核字(2015)第 306847 号

出 版 人:朱寒冬
责任编辑:刘姗姗   装帧设计:徐 睿

出版发行:时代出版传媒股份有限公司 www.press-mart.com
         安徽文艺出版社 www.awpub.com
地 址:合肥市翡翠路 1118 号 邮政编码:230071
营 销 部:(0551) 63533889
印 制:合肥创新印务有限公司 (0551)64456946

开本:710×1010 1/16 印张:15 字数:280 千字
版次:2015 年 12 月第 1 版 2016 年 2 月第 2 次印刷
定价:28.00 元

目　录

第一篇　构建强大的精神世界

　　大学生价值观的时代特点是反映社会发展现状和进程的重要标志,"其价值取向在某种程度上就是中国社会转型的思想折射"。大学生正处于世界观、人生观、价值观变换和不断完善的关键阶段,其思想意志缺乏坚定性,容易受到社会不良风气的侵袭和错误社会思潮的负面影响。大学生群体是中国特色社会主义现代化建设人才资源的骨干构成部分,肩负着实现中华民族伟大复兴的历史重任。

第一章 你的"三观"正不正？

——大学生的世界观、人生观、价值观

在整个改革开放和社会主义现代化建设的进程中,思想道德建设的基本任务是坚持爱国主义、集体主义、社会主义教育,加强社会公德、职业道德、家庭美德建设,引导人们树立建设中国特色社会主义的共同理想和正确的世界观、人生观、价值观,并且强调思想道德建设的重点是青少年。因此,引导当代大学生树立正确的"三观",是高校思想政治教育的重要任务之一。[①] 大学生不仅具有较为丰富的知识储备,而且思维活跃,对新事物充满好奇心,渴望得到社会和他人关注。他们的社会经历随着年龄的增长而不断丰富,他们的思维方式和价值观也随着他们的人生经历而不断地发生改变。大学生价值观的时代特点是反映社会发展现状和进程的重要标志,"其价值取向在某种程度上就是中国社会转型的思想折射"[②]。大学生正处于世界观、人生观、价值观变换和不断完善的关键阶段,其思想意志缺乏坚定性,容易受到社会不良风气的侵袭和错误社会思潮的负面影响。大学生群体是中国特色社会主义现代化建

---

① 中共中央,国务院.关于进一步加强和改进大学生思想政治教育的意见[EB/OL].[2004-10-15]. http://www.people.com.cn/GB/jiaoyu/1055/2920198.html.

② 王涛,戴均.改革开放30年大学生价值观变迁的轨迹及其规律研究[J].高等教育研究,2009,30(10):7.

设人才资源的骨干构成部分,肩负着实现中华民族伟大复兴的历史重任。大学生在成长道路上,不仅要努力"成才",为祖国的未来、社会的发展贡献自己的智慧和力量,更要"成人",树立起正确的世界观、人生观和价值观,成为德才兼备的接班人。因此,在加强大学生专业知识学习与技能培养的同时,要高度关注大学生的思想道德修养的教育。高校教育必须抓住大学生"三观"形成这一关键期,把握大学生的世界观、人生观、价值观的发展规律,通过综合改革和协同创新,担当起"立德树人"这一根本任务。

第一节　什么是"三观"?

"三观"是世界观、人生观和价值观的简称。所谓世界观,也叫宇宙观,是指人们在社会实践的基础上产生和形成的对整个世界,包括自然、社会、历史、文化、科学等各种事物的总的看法和根本观点。世界观的基本问题是精神和物质、思维和存在的关系问题,并根据对这个问题的不同回答,划分出唯心主义世界观和唯物主义世界观两种根本对立的世界观基本类型。每个人都有自己的世界观,并以此作为自身观察事物、发现问题和解决问题的主要依据。不同的世界观也会指导人们采取不同的行动。正确的世界观对个人的成长和社会的发展起着积极的促进作用;反之,错误的世界观对个人的成长和社会的发展起着消极的阻碍甚至破坏作用。世界观、人生观和价值观三者是相辅相成、相互统一的。一般来说,一个人有什么样的世界观就有什么样的人生观,有什么样的人生观就有什么样的价值观。所以,要树立起正确的人生观和价值观,首先要树立起正确的世界观,就是说要运用辩证唯物主义和历史唯物主义的观点看待整个世界以及人与世界的关系。世界观在"三观"中处于核心地位。

所谓人生观,是指人们在实践中形成的对人生目的和意义的根本看法。其中,人为什么而活着、人生存在的意义是什么及人应当怎样生活才能更具有意义的问题,是人生观的核心。人的生命过程既包含着人作为生命体的自然发展经过,也包含着人作为社会一员在社会发展过程中的丰富经历。由于人们在社会实践中所处的地位不同、经历不同,人们对人生的价值、生活的目的和人生的意义等问题有着不同的观点和态度,从而形成不同的人生观。一方面,人生观影响着人们实践活动的目标和人生道路的方向,使得人们在生产、交往和生活中做出不同的选择,成就不同的人生。另一方面,人生观影响着人们行为选择的价值取向和对待生活的态度,影响着人们对幸福观、苦乐观、荣辱观、恋爱观、友谊观、生死观等人生观念的看法,决定着享乐主义、悲观主义、实用主义、拜金主义等不同人生态度的形成。人生观的主要内容包括人生目的、人生态度和人生价值三个方面。这三个方面相互联系、相辅相成,统一为一个整体。① 其中,人生目的是人们在日常生活中奋斗的目标和前进的动力。不同的人生目的会指导人们在人生道路中做出不同的人生选择,从而决定着每个人不同的人生轨迹和人生追求,进一步使得每个人的人生绽放出不同的光彩,体现出不同的人生价值。正确的人生观能够帮助人们在面对人生一系列的选择和挑战时做出正确的选择,传播正能量,鼓励人们以顽强拼搏、积极向上的态度迎接生活中出现的各种挑战,指导人们在充实自我和帮助他人的过程中不断地实现人生的自我价值和社

---

① 思想道德修养与法律基础编写组. 思想道德修养与法律基础[M]. 北京:高等教育出版社,2015:67.

会价值。

　　所谓价值观,是指人们关于什么是价值、怎样判断价值、如何创造价值等问题的根本观点。价值观是人们从价值的角度给自身的社会活动做出的判断和评价。它一方面表现为价值取向、价值追求,凝结为一定的价值目标;另一方面表现为价值尺度和准则,成为人们判断事物有无价值及价值大小的评价标准。思考价值问题并形成一定的价值观,是人们使自己的认识和实践活动达到自觉的重要标志。[①] 个人价值观几乎覆盖个人社会生活的各个方面,具有相对稳定性。社会或群体的价值观念由于人员更替和环境的变化是不断变化发展着的,是"人们在长期的生产、生活实践中形成的对社会性事项与达成个人及其所属群体利益之间的利害关系或功能关系的认知"[②]。不同的人对待不同事物会做出不同的价值判断,从而产生不同的价值追求。拜金主义者的价值观中强调"钱是万能的,没有钱是万万不能的",主张"一切向钱看",从而沦落为金钱的奴隶。个人功利主义者的价值观主张"个人利益高于一切",他们以自我为中心,沦落为社会中的孤立者。无产阶级的价值观坚持个人价值和社会价值相结合,个人利益服从整体利益,为最广大人民群众谋福祉,收获了幸福感和成就感。正确的价值观不仅能够帮助人们树立起远大的理想,做出正确的价值判断,还能够帮助人们正确选择,使自己有限的生命焕发出无限的光彩。

---

　　① 思想道德修养与法律基础编写组.思想道德修养与法律基础[M].北京:高等教育出版社,2015:70.

　　② 王处辉.国学及其现代性[M].北京:知识产权出版社, 2013:427.

第二节 被扭曲的"三观"

　　大学生内心世界比较单纯、脆弱,对新事物、新情况又充满好奇并且存有探究之心。他们的世界观、人生观和价值观未定型,容易受西方思潮的消极影响、市场经济发展的负面作用及不健康生活方式的诱惑,少数大学生的"三观"发生扭曲,从而使得他们自身的健康成长受到极大的伤害,有的甚至造成严重的社会负面影响和不良后果。其主要表现为:信仰盲目从众,信仰迷失;贪图享乐,好逸恶劳;功利思想严重,缺乏奉献精神;等等。

　　信仰盲目从众和信仰迷失问题是大学生"三观"被扭曲的主要表现之一。多数大学生在大学期间都十分渴望能够向党组织靠拢,成为一名中国共产党党员。然而少数大学生的入党动机不纯,并非出于真正的社会主义信念和共产主义信仰,而是基于其他的因素。比如,因为身边的同学都想要加入共产党组织,所以自己也要加入,这就是典型的盲目从众心理。还有一部分大学生则是希望加入共产党组织,以便报考公务员、大学辅导员等。虽然他们都明确表示信仰共产主义,表达了对加入共产党组织的渴望,但是实际上其信仰追求并不是希望在马克思主义世界观的引导下观察问题和处理问题。当前,大学生仍存在信仰迷失问题。受封建腐朽思想文化残渣的影响,少数大学生仍信奉"鬼神论"等封建迷信思想。他们时刻保持紧绷状态,内心充满不安、焦躁,害怕接触他人和新事物,人际交往中存在心理障碍。此外,他们对生活采取消极、悲观的态度,认为生活枯燥乏味,没有意义,遇到挫折和困难时经常往悲观、消极的方面去想,甚至有采取自杀等过激行为的倾向。这些都是由于这些大学生缺乏正确"三观"的引导,对世界和周围事物的看法和评价标准完全取决于自己的思想和情绪,导致他们时常会做出错误的价值判断和行为选择。

一些大学生由于受到拜金主义、享乐主义的思想以及过度追求物质利益的消极影响,他们的"三观"被逐渐扭曲。部分大学生将"宁愿坐在宝马车里哭,也不愿坐在自行车上笑"等拜金主义观念作为看待周围人、事物的评价标准。他们本着"金钱至上"的原则,想要"傍大款""傍富婆",以金钱论英雄、判成败,从而沦为拜金族。贪图享乐是导致部分大学生成为拜金族的主要原因。这几年,通过超前消费、攀比消费等行为满足自身物质享受的大学生人数呈现上升趋势,享乐主义思想在大学生日常生活中的表现随处可见。少数大学生在这种一味追求享乐的"三观"引导下,产生好逸恶劳之心。在面对生活中的各种挑战时,他们缺乏艰苦奋斗的精神,以自欺欺人的方式逃避问题,打着"人生苦短,须及时行乐"的旗号,放任自己沉溺于过度的物质消费或者网络游戏中,放松了对人生目标的追求,迷失了人生的方向,放弃了大学生应当具有的价值坚持。

大学生的"三观"中个人功利化的倾向明显,奉献精神淡薄。大学生重视英语和计算机等实用科目的学习,热衷各种资格、证书的考试,却忽视自身思想道德修养的提升,甚至轻视高校的思想政治教育课程。有的大学生自我中心倾向较为严重,一味追求自我发展,将自身的个人利益放在首位。他们对待生活的态度虽然是积极向上的,但是这种"个人利益至上"的人生态度,导致他们的价值判断和价值选择始终围绕其自身的个人利益,在遇到不良思想的影响和冲击时,容易做出错误的判断和行为选择。此外,少数大学生的"三观"受到个人主义思想的影响,他们在对自身和他人进行价值评判时有时采取双重标准,对于自己的价值判断和选择标准过于宽松,对于他人的言行和品德评价过于严苛,导致人际交往关系经常处于紧张状态,孤独感倍增。由于"三观"被扭曲,少数大学生一味地想要接受他人的关怀与帮助,认为别人对自己的关爱是理所当然的事。与此同时,他们自身吝啬于给予他人同等的关爱,不关心国家大事,对集体缺乏奉献精神,对他人缺乏爱心。在这种价值观的影响下,少数大学生对于社会和他人不满的情绪与日俱增,甚至产生仇视社会等扭曲心理。近年来出现的一些大学校园典型案例就是明证。

第三节　大学生正确"三观"的培养

一、引导大学生树立正确的信仰

高校思想政治理论课是培育大学生正确的"三观"教育的主渠道。强化高校思想政治理论课教学的实效性,加强在新形势下的思想政治教育综合改革,要运用马克思主义的世界观、人生观、价值观理论武装大学生的头脑,帮助大学生了解各种社会现象产生的根本原因,真正树立起正确的信仰。第一,教师要善于将马克思主义理论知识与学生的生活实际相结合,善于引导学生讨论社会热点问题,帮助学生学会用马克思主义的立场、观点和方法去看待问题、分析问题、解决问题,并引导学生正确地评价各种社会现象。第二,教师要带领学生走出课堂,走入社会,在社会实践中探寻真理,充分调动学生的学习兴趣,让学生在亲身体验的情景下更加深入地思考马克思主义世界观、人生观、价值观的培育对于他们自身成长的必要性和重要性,引导大学生在改造客观世界的活动中改造自己的主观世界,充分发挥真实环境的育人作用。第三,高校要以社会主义核心价值观引领校园文化建设,着力加强优良的校风、教风和学风建设,为大学生优良品德的形成营造良好的氛围,从而帮助他们形成个人对外界事物的正确看法,逐渐明确人生的目的、价值和意义所在,做出正确的价值判断和价值选择。第四,高校还要重视大学生心理健康各方面的教育,引导大学生进行自我教育、自我管理,实现大学生"三观"教育的可持续发展。通过召开主题班会、个别谈心等方式,了解大学生在成长过程中遇到的问题,帮助他们化解疑惑、排除思想矛盾,帮助他们全面、正面地认识自我、悦纳自我,培养正确的"三观"。

二、引导大学生发扬艰苦奋斗的精神

"社会主义初级阶段基本国情没有变",这决定着任何个人贪求享乐都是不可取的。在培养大学生正确的"三观"的过程中,既要尊重大学生在日常生活中适度的消费和生活品质的提升,又要重视引导大学生发扬艰苦奋斗的精神。大学生不应过度攀比消费,而应当将主要精力和时间用于参加公益性、积极向上的社会实践活动,让他们走出"象牙塔",融入社会生活中,例如去养老院、去社会福利院、做义工、勤工俭学等等,旨在磨砺他们的意志,开拓他们的眼界,丰富他们的社会经验,提高他们分析问题和解决问题的能力。大学生要在社会实践中树立起正确的金钱观念和消费观念,克服拜金主义、享乐主义的消极影响,摒弃超前消费、攀比消费的行为。大学生要为自己树立一个远大的理想目标,给予自身源源不断的前进动力,充分发挥自己内在所具有的坚韧毅力,朝着理想目标奋力拼搏。大学生在学习和生活上遇到挫折和挑战时,教师、同学、家长要给予他们以鼓励,学生自己也要给予自己积极的心理暗示,直面挫折和挑战,发扬艰苦奋斗的精神,迎接挫折与挑战并且战胜它们。在此过程中,大学生要不断地养成勤俭节约、自强不息、奋斗不止的美德,采取勇敢面对生活坎坷的人生态度,在人生路程中的诸多十字路口做出正确的价值判断和价值选择。

三、引导大学生坚持集体主义的观念

"人的本质不是单个人所固有的抽象物,在其现实性上,它是一切社会关系的总和。"[①]脱离集体的个人是不存在的。人只有在集体中才能更好地实现自己的人生价值,从而将社会价值与个人价值有机统一起来。为此,要积极引导大学生牢固树立集体主义的观念。首先,要放弃以自我为中心、个人利益至上的极端个人功利主义思想。提倡个人利益、集体利益和国家利益的统一,当个人利益与集体利益发生冲突时,鼓励大学生做到个人利益服从集体利益。其次,无论是在学习上,还是在生活中,一方面要鼓励大学生多关心国家大事,关心集体,关爱他人,培养集体荣誉感;另一方面要组织和鼓励大学生经常参与集体活动,多与他人沟通交流,虚心向别人学习,让个人在集体中找到存在感、荣誉感和责任感,从而不断完善自身的道德修养建设。此外,个人要在集体中培养奉献精神,树立为同学、为班级、为学校服务的人生态度,鼓励他们在为他人的无私奉献中实现个人的人生价值。改革开放以来,涌现出了很多"感动中国"的大学生,他们有的以自己年轻的宝贵生命,谱写了灿烂的青春之歌。全面提升大学生思想政治教育工作水平,对深化大学生

---

① 马克思,恩格斯.马克思恩格斯选集:第1卷[M].北京:人民出版社,1995:56.

"三观"教育,培养德、智、体、美、劳全面发展的中国特色社会主义事业的合格建设者和可靠接班人有一定的促进作用。

第二章 "道德滑坡"还是"道德爬坡"?

——大学生的道德观

伴随着经济全球化、政治多极化、文化多元化和科技信息化的快速发展,人类的生产方式、生活方式和思维方式都发生了深刻的变化。人们关于道德现象和道德问题的评价标准也逐渐由单一化走向多元化,由务虚走向务实,由封闭走向开放。大学生作为社会群体的一部分,他们的道德观也随之发生改变。大学生的道德素质直接关系到整个国家、社会道德水平的建设。党和国家一贯强调大学生的思想政治状况、道德品质、科学文化素质和健康素质,不仅直接关系到现阶段中华民族的素质,而且直接关系到未来中华民族的素质。特别是大学生思想政治素质,更是直接关系到党和国家的前途命运。要使大学生成长为中国特色社会主义事业的合格建设者和可靠接班人,不仅要大力提高他们的科学文化素质,更要大力提高他们的思想政治素质。当前,道德状况及其建设情况引起广泛关注,引起了"道德滑坡"与"道德爬坡"的争论。经过 20 多年跟踪调查,结果显示:我国大学生思想道德状况的主流持续是积极的、健康的、向上的[①]。他们热爱党、热爱国家、热爱人民、拥护社会主义,对坚持走中国特色社会主义道路、实现全面建设小康社会充满信心。与此

---

① 教育部.2014 年高校学生思想政治状况滚动调查[EB/OL].[2014-05-26].ht-tp://www.moe.edu.cn/publicfiles/business/htmlfiles/moe/s5987/201405/169412.html.

同时,大学生的道德观念中也存在着一些突出的思想道德问题,主要表现为:社会责任感不强、团结协作意识较差、自律意识差、公共道德水平不高等。校园暴力事件频繁发生,大学生随地吐痰、使用不文明用语等陋习的存在都警示人们:道德观念的扭曲给大学生的健康成长带来极大的损害。针对现阶段大学生道德观念和道德行为中存在缺失的现象,立足实际,分析原因并积极寻求有效措施帮助大学生树立正确的、健康的道德观,是大学生健康成才的重要途径,也是大学生"道德爬坡"的必经之路。

第一节　大学生道德观的演变

一定的道德观念是由一定社会的经济基础所决定的,并随着社会经济基础的变化而变化,同时又反作用于一定社会的经济基础。在中西文化交融碰撞中,各种不同价值观之间相互碰撞和摩擦,当代大学生面临着道德认知的更新和道德选择的迷茫,其道德观必然会出现善恶并存、良莠不齐的状况。一方面,当代大学生热爱国家,热爱中国共产党,热爱人民,热爱生活,推崇"八荣八耻"的社会主义价值观,支持在社会上传递精神文明建设的正能量。另一方面,当代大学生的道德观念受到拜金主义、享乐主义、功利主义等思想的侵蚀。当代大学生的道德观念状态主要呈现出:成才意识强、参与意识强、自我意识强,集体观念弱、社会公德心弱、自我控制弱等特点。①

中国古代传统美德在价值取向上是重道德、轻功利的,推崇民众在

---

① 李玲.当代大学生道德观念的变化及其发展趋势研究[J].青年文学家,2009(24):56.

遵守礼法的基础上实现人与人之间、人道与天道之间的和谐以及和谐社会的建设。随着社会的发展，人们的义利观也在逐渐发生改变，义利观由"羞于言利"向追求利益方面转变。尽管舍利取义的行为依然为大学生所尊重和推崇，但是在大学生的日常学习与生活中，为评上奖学金，在期末考试中作弊；评选"三好学生""优秀学生干部"等荣誉称号时，贿赂拉票；求职时，填写虚假信息、伪造简历，这些行为时有发生。古代读书人十分重视礼仪教育，将"圣人""君子"作为修身的最高追求，但过度重视说教，脱离人民群众的生活实际，难以取得良好的教育效果。近代以来，道德教育贴近生活、贴近群众，逐渐重视个人利益、尊严和价值，引起受教育者的共鸣。在德育教育工作的开展过程中，中国共产党人强调要把马克思主义基本原理与中国的实际国情相结合，将共产主义的伟大共同理想和中华民族优秀传统美德相结合，提出个人利益要服从集体利益、局部利益要服从全局利益、微小利益要服从根本利益、眼前利益要服从长远利益的观念，促进良好社会道德风尚的形成。中国共产党人道德观要求具有超越性，引领全社会道德建设。社会发展阶段与状况决定了道德发展水平，两者有内在的逻辑一致性。"老人扶不扶"这一无须讨论的道德命题却成了问题，这说明作为广泛性要求的道德，一定在诸多方面还有待进一步加强和提升。高校教育大众化使更多的青少年获得接受高等教育的机会，它一方面客观上提升了民族和国家的公民素质，另一方面不可能要求大学生这一群体整齐划一地保持先进性。总体来说，大学生能够做到明辨是非善恶，对于不道德的社会现象和行为持有否定、批判的态度，能积极地参与热点时事的讨论，关心国家方针政策的实施，推崇弘扬社会正能量。然而，有的大学生在日常生活中的道德表现与他们自身的道德认知存在不一致，集体主义观念逐渐淡化，团结协作意识差,他们在人际交往中以自我为中心和社会冷漠现象明显。在日常学习与生活中,他们注重在社会竞争中力求塑造自我,充实自身知识储备和加强技能,对于集体和他人的事情不关心、不在意,觉得只要不和自己的切身利益有关,就可以置之不理,甚至冷眼旁观,不愿意对其他人伸出援手,甚至为了维护个人利益而采取一些伤害他人利益的不道德的行为。"马加爵事件"给家庭、社会带来了无尽的伤痛和无法挽回的悲剧。通过这一典型大学生犯罪案例,可以透视:大学生与大学生之间如果能够相互宽容、相互关爱、相互理解、相互帮助,那么可以避免多少悲剧啊!大学生正处于青年时期,对新鲜事物充满好奇,希望能够吸引众人关注,喜欢追求新潮,这与大学生的年龄和身份是有联系的。有的大学生将一些不文明用语作为口头禅,他们自身没有察觉到使用这些不文明用语与他人交流是不尊重他人的行为,与大学生应该具备的道德品质格格不入,反而认为说这些不文明用语是一件很"酷"的事情,是他们个性的张扬,是他们自身不良情绪的合理宣泄途径。殊不知,在不经意间,把最好的同学、朋友伤害了,轻则破坏了和同学、朋友之间的友谊,重则导致严重后果。如果马加爵自己内心足够强大,能够被同学们理解、尊重,那么马加爵造成的悲剧或许可以避免。

第二节　大学生道德观演变的影响因素

影响大学生道德观演变的因素是多重的。其中,经济社会环境是根本性因素。经济全球化的浪潮使得社会政治、经济、文化发生诸多改变。在此过程中,人们的思想认知也在逐渐发生变化,人们关于道德的评价标准呈现出相对化、多元化的态势,对大学生的思想产生了重大影响。

我国的社会主义现代化建设就是在世界各国思想文化相互激荡的大背景下进行的。一方面,当代西方思潮中的合理因素,对大学生树立民主观念、法制观念、人权观念、效率观念等观念产生了积极的影响。另一方面,西方思潮中拜金主义、极端个人主义、功利主义等思想对大学生思想道德建设带来了负面影响,使得大学生功利化的道德取向越发明显,部分大学生的道德观被扭曲。社会上各种不良风气和社会道德问题对大学生正确道德观的培育也带来消极影响。"小悦悦事件"具有时代性特征。父母是大学生的第一任老师,也是终生老师,是任何其他教育者和角色所不可取代的。和睦的家庭环境,与父母之间有着良好的沟通与交流,对大学生树立正确的价值观起着重要的作用。父母具有的助人为乐、勤俭节约等美德都会在孩子的身上得到体现,而父母的一些不良习性也会影响到孩子的道德认知和道德行为。在人际交往中,父母的良好表现会潜移默化地影响着孩子的道德观,而不文明用语和不文明习惯也会影响孩子的道德行为。社会竞争压力大,父母忙于职场奔波,忽视与孩子的沟通交流,认为孩子已经上大学便可以独立思考人生了。由于缺乏父母的关心和监督,大学生沉迷于网络世界、麻将或扑克等娱乐活动。此外,家长往往只重视孩子的学业成绩而忽视孩子的德育教育,这都是导致部分大学生道德观念缺失的重要因素。有的家长对孩子过分溺爱,导致孩子以自我为中心,把他人给予的关心和照顾视为理所当然,并吝惜于给予他人同样的关怀。因此,家庭教育对大学生的影响是潜移默化且影响深远的,家长对大学生道德观的影响不容忽视。除了家庭教育和家长外,学校也是影响大学生树立正确道德观的重要因素。大学校园是大学生学习生活的重要场所,校园文化生活对大学生道德观的形成有直接影响。大学生应做培育和践行社会主义核心价值观的先行者和示范者,应将主要时间和精力投入对知识、科学等的学习上。大学校园生活越来越丰富多彩,思想政治工作呈现新局面,各类课程体系的教学体系不断优化,教育教学方法改革不断深入,各类教学资源得到有效的协调与整合,学校社团活动红红火火,深受大学生的喜爱并得到大学生的广泛参与,网络成为大学生新的学习、消遣、生活的重要场所和载体,大学生校园生活质量明显提高。所有这些进步和变化,成为大学生道德水平提高的现实基础。高等教育正面临着以内涵和特色为灵魂的改革和转型发展。以"创新创业"教育为尺度的人才培养的中国式高等教育浪潮已拉开序幕。在这一改革的框架里,无论是教育者,还是被教育者,将会更加尊重个性、尊重选择。与此相对应,大学生道德建设将会面临新的课题,例如,在发展个性的同时,如何保持统一性的定力;在强调提高效率的同时,如何使弱的、后进的不掉队、不落伍,也就是说集体主义的相互帮助、奉献的价值观如何得以发扬光大。在大学生身上出现的某些功利主义、个人主义的价值倾向,如果得不到有效的遏制和改善,将是很危险的。大学生虽然能够做到明辨是非善恶,对于他人的不道德行为持有批评、否定的态度,但自身的道德自律意识不强。当代大学生由于大多没有经历过艰苦生活的磨炼,因此,心理素质较差,面对生活中的挫折与挑战往往采取逃避的态度,处于宽松的大学校园生活环境中会不自觉地降低对自己的要求。与此同时,大学生的价值观还不够成熟,极易受到社会不良风气的影响,容易出现道德缺失的现象。以自我为中心的道德实用主义的蔓延使得现在越来越多的大学生自身的道德言行落后于他们的道德认知。大学生对物质利益的追求日益强烈,使得他们的精神世界较为空虚。在大学生道德观从单一走向多元、从封闭走向开放、从务虚走向务实的过程中,部分大学生由于道德理想的迷茫导致道德选择出现困惑,道德行为与道德认知之间存在严重的脱节现象。

第三节　大学生正确道德观的培养路径

大学生是实现中华民族复兴的中坚力量,拥有正确的道德观念,践行道德行为,是大学生应当具备的道德素养。良好的道德观对大学生的健康成长具有正确的导向、激励和凝聚的作用。在全面了解当代大学生的道德观发展现状的基础上,加强大学生的思想道德教育,引导大学生做出正确的道德判断和道德选择是当代大学生素质教育的重要环节。

思想政治教育既靠外化,又靠内化。现在有一种思想倾向,认为所有道德领域出现的不好的方面都是外部原因造成的,从而放任、宽恕主体方面责任,甚至认为,主体不需加强自身修养。中国古代思想家十分强调“修身为本”的重要性,马克思也认为:“环境的改革和人的活动或自我教育改变的一致,只能被看作是并合理地理解为革命的实践。”[①]只有将外化和内化有机结合起来,在社会生活实践中,在改造客观世界的同时,还改造主观世界,从而不断提升主体的思想道德素质。加强和改进大学生思想政治教育工作中,仅重视外化工作这一方面是不够的,列宁的“灌输”理论仍具有当代价值,从外“灌输”是必要的。然而,外化必须同内在有机结合起来,思想政治教育才能取得良好效果,必须加强和改革大学生的自我管理、自我教育这方面的工作,要将大学生自我管理、自我教育纳入思想政治教育整体创新计划之中并予以统筹和协调。

大学生要加强个人自律意识,遵守社会道德规范,远离不良风气。

---

①　马克思,恩格斯.马克思恩格斯选集:第1卷[M].人民出版社,1995:55.

树立正确的道德观与大学生自身的努力密不可分。大学生可以在空余的时间通过阅读书本，不断充实自身的知识储备，并从书本中汲取升华自身道德修养的真知；也可以通过参加丰富多彩、情趣高雅的校园文化活动，丰富自身的校园生活，扩大自己的人际圈，远离网络游戏、麻将等低俗娱乐活动。在与他人沟通交流的过程中，大学生要学会摒弃以自我为中心的意识，真诚地对待他人，在别人遇到挫折和困难的时候，向他人伸出援助之手。此外大学生们要树立起远大的社会理想，明确自己的奋斗目标，加强自身对拜金主义、功利主义等西方思潮和社会不良风气带来的消极影响的抵制能力。

高校思想政治教育工作必须转变理念和思维，进而转变工作方式和工作机制。道德教育必须同大学生思想实际，尤其生活实际相结合。思想政治教育工作者队伍加强理论研究，进行理论教育是必要的，但不是他们工作的全部内涵。大力开展第二课堂、社会实践环节教育教学，将道德教育与班主任、辅导员日常工作结合起来，坚持公平、公正、公开地评奖、评优等工作，增强大学生身边的道德感，以此作为道德教育的材料，这样把大学生的道德表现与大学生的个人利益紧紧联系在一起，必然有助于大学生良好道德的培养①。

在信息技术快速发展的时代里，对于社会道德建设，社会媒体和网络媒体担负着重要的责任。大学生道德观的健康发展，离不开一个良好的道德环境。在报道社会道德热点问题时，大众媒体要实事求是，引导社会公众树立正确的道德价值观。大力宣传和传播中国优秀传统美德，弘扬社会道德，讲好当代中国故事，在全社会营造一种尊崇优良品德、摒

---

① 张茂华.浅析当代大学生道德观存在的问题及解决对策[J].大学教育,2013(24)：135.

弃不道德行为的社会氛围。用人单位在招聘大学生的时候，要加强对大学生的道德素养的考核，并将个人道德素养的表现作为职位升迁、工资提升的重要考核标准。社会团体和组织也应多关注大学生道德观的教育问题，帮助大学生积极参与到有意义的、能够提高大学生思想道德修养的社会活动中，让大学生提前适应社会生活。与此同时，家长在大学生道德观建设的过程中起着不容忽视的作用。家长们要时刻关心孩子在学校的表现，与学校保持密切联系。时常与孩子沟通，带孩子参加有意义的社交活动，并以身作则，为孩子树立榜样，引导孩子树立正确的道德观念，做出正确的道德判断，践行正确的道德行为。

大学生求知欲和好奇心都强，关注社会热点问题。国家应将违反交通法规、破坏公物、乱扔垃圾、随地吐痰等不良行为以明确的法律法规加以规范，对违反规定的人给予适度的惩罚。此外，国家应当针对具体的社会热点问题建立合理的奖惩制度。比如路上遇到跌倒的老人该不该扶的问题，如果扶起老人，事后反而遭到老人的讹诈，一旦查明事情真相，相关单位可对老人违背社会公德的行为做出适度惩罚。严格的法律制度规范，能够减少大学生的道德疑惑，对大学生道德观的健康发展产生积极作用。另外，银行信用建设是整个社会信用体系建设的一部分。根据银行商业信用体系建设的经验，可以逐步建立起大学生道德档案，记录大学生在成长过程中的道德表现，并将学生个人的道德档案纳入学生的人生档案中，作为大学生今后升学和工作的一个重要考核指标。

第三章　爱国是个"过气词"？

——高校爱国主义教育

　　爱国是马克思主义理论的重要内涵，是中华民族的优秀传统美德，是社会主义核心价值观的重要组成部分，也是每位公民应当具备的基本道德素养。爱国主义教育指的就是对学生进行爱国思想的宣传与教化，是培养大学生集体感、荣誉感等的重要途径。1996 年 10 月 10 日，党的十四届六中全会强调要通过各种生动活泼的形式，广泛、深入、持久地加强爱国主义教育和宣传，提升全国人民的民族自豪感，在全社会进一步发扬以热爱祖国、贡献全部力量建设祖国为最大光荣，以损害祖国利益和尊严为最大耻辱的良好风尚。爱国主义教育一直都贯穿于我国的人才培养计划中，是其不可缺失的重要组成部分。新形势下，加强大学生的爱国主义教育已经成为高校思想政治教育的重要内容。大学生爱国主义教育实效性究竟如何，直接关系到国家的兴衰和社会主义现代化建设的成败。总体来说，我国的爱国主义教育在大学生培养过程中占据着重要的位置，起到了一定的作用，但也存在一些问题并有待解决。现阶段大学生爱国主义教育中仍存在灌输性不强、内容不全面、与学生生活实际联系不密切等现象，甚至有人提出爱国主义是个"过气词"的观点。因此，增强大学生爱国主义教育的实效性显得尤为重要。

第一节　爱国主义教育的时效性

党的十八大报告指出："文化是民族的血脉，是人民的精神家园。全面建成小康社会，实现中华民族伟大复兴，必须推动社会主义文化大发展大繁荣，兴起社会主义文化建设新高潮，提高国家文化软实力，发挥文化引领风尚、教育人民、服务社会、推动发展的作用。"①中国社会的发展正在进入新的转型期。因此，新形势下，加强大学生爱国主义教育成为当前大学生思想政治教育的重要内容，而进一步提高大学生爱国主义教育的实效性则是大学生思想政治教育成功的关键，也是维护大学校园稳定、社会和谐的重要举措②。高校爱国主义教育不但顺应时代发展的需求，而且能够彰显中国先进文化的特色和魅力，推动中国整体发展目标的实现。

一、树立大学生正确的"三观"需要加强爱国主义教育

在社会转型期，社会风气和整个校园都受到各种文化价值观的冲击，一些不良价值观正在侵蚀着当代大学生的思想，导致校园中拜金主义泛滥、物质欲望横行。加强爱国主义教育对引导并牢固地树立大学生正确的世界观、人生观和价值观具有重要的意义。对大学生进行爱国主义教育，有利于培养大学生的爱国、爱党、爱人民的意识和承担社会责任的意识，帮助大学生充分认识到不良价值观所带来的弊端，从主观上引

①　胡锦涛.坚定不移沿着中国特色社会主义道路前进　为全面建成小康社会而奋斗——在中国共产党第十八次全国代表大会上的报告[R].北京:人民出版社,2012:17.
②　胡函.加强大学生爱国主义教育的实践意义探析[J].学理论,2015(1):251.

导大学生摒弃不良价值观,同时,为了使各种正确的意识观念能够在实践中根深蒂固,更需要加强大学生爱国主义教育。此外,通过开展各项宣传爱国主义思想的教育实践活动,增强大学生的集体意识,培养大学生养成各种优良的习惯,引导大学生遵纪守法。

二、加强大学生的社会责任意识需要加强爱国主义教育

随着经济全球化、政治多极化和文化多元化的发展,世界各国之间的联系与交流也越来越密切,中国的社会环境和在国际社会中扮演的角色都在发生变化,作为推动中国向前发展的接班人,大学生所面临的社会要求将会更加严格。大学生作为中国特色社会主义事业的接班人,不仅要求有熟练的技术能力、丰富的知识储备,更要具备高层次的社会责任感和使命感。大学生作为社会群体的一部分,当他们去承担社会角色并为社会的发展做出贡献时,应当明确的是他们做的每件事不仅仅代表着个人,同时也代表着整个国家和民族的颜面。因此在教育阶段就加强大学生的爱国主义教育,培养每个大学生的社会责任意识和民族荣誉感,使他们成为有担当的合格接班人。

爱国主义是长期生活在一定疆域里的人民在历史上逐渐形成的民族自尊心和民族自信心,表现为人民争取自己祖国的独立富强而英勇献身的奋斗精神。[①] 加强爱国主义教育,在大学生的日常生活中去渲染爱国的伟大意义,让大学生意识到自身所背负的社会责任,有利于激励大学生刻苦学习文化知识,思考创新知识与技术,承担自身角色的责任,在社会发展中做出重要贡献,为国争光。

---

① 张耀灿,陈万柏.思想政治教育学原理[M].北京:高等教育出版社,2007:186.

三、高校校园文化建设和社会风气的转变需要加强爱国主义教育

校园文化直接影响着大学生的生活环境、学习环境，更能够影响大学生的素质教育。高校在建设过程中不仅要加强基础设施建设和各方面的硬件的建设，更要强化校园文化中各方面的软件建设。在网络时代，各种西方腐朽文化、不良思潮和社会上落后的价值观都在通过各种方式进入高校，直接或者间接地影响大学生的思想观念、日常的价值判断和行为选择。加强爱国主义教育，开展理论教育和日常的实践活动有利于改善校园文化氛围，培育优良的校园文化，使大学生能够耳濡目染，在面临社会行为的选择中做出正确的抉择。

社会中的各种不良现象如腐败现象、扶老人被讹等都充斥在大学生的视野中，社会中的不良风气也会直接带入高校环境中，影响高校氛围，也影响大学生的校园生活。大学生的思想较为单纯，心理较为脆弱，初入社会时抱着满腔热血，但在面临残忍的社会现实后，很容易被不良的社会风气所侵袭。倘若高校能够高度重视大学生的爱国主义教育，加强培育大学生爱国意志的理论工作队伍建设，在爱国主义教育方面设立完善的教育系统，从而培养出一批批优秀的具有强烈的爱国主义意识和社会责任感的青年学子，那么能够为社会的发展注入新鲜的血液。随着德才兼备的学子被不断地输入社会中，社会风气也将得到极大的改善，有利于美化整个社会环境，提高国民的整体素质。

第二节　高校爱国主义教育的现状

一、爱国主义教育取得了一定成效

爱国主义教育在我国的教学体系中一直占有重要的地位，思想政治

理论教育始终贯穿在我国学校系统中,基础的理论教学形成了完整的系统,对培养有责任感的大学生有重要的作用。例如在 2008 年的北京奥运会中,青年志愿者大多数由来自高校的大学生组成,他们谦卑、友好的态度给来自各地的游客留下了深刻的印象,这场盛典为他们也为中国赢得了几分赞誉。不得不说这些跟日常的思想政治教育有着直接关系,这也直接反映了在高校加强爱国主义教育的积极作用。

爱国主义教育经历了漫长的历史,为我们培育了一批教学经验丰富的教师,培养了一大批莘莘学子。2013 年 3 月 17 日,国家主席习近平在第十二届全国人民代表大会第一次会议讲话中指出,实现中国梦必须弘扬中国精神,这就是以爱国主义为核心的民族精神,以改革创新为核心的时代精神①。随后,各级党委、政府,各级各类的高校进一步加大了对爱国主义教育的重视力度,大学生爱国主义教育在已有的基础上将会获得更大的发展。

二、高校爱国主义教育仍需加强

1. 拘泥于书本教学,灌输效果不佳

思想政治理论课程在我国的课程体系中有着明确的地位和相关规定,甚至思想政治课程教学具体内容都有明确的规定。课程体系中的课程内容丰富,如果教学方式都采用的是教育者向受教育者直接讲授,单一的教学形式难免死板无趣,难以激发学生的学习兴趣。有的教师照本宣科式地讲授教学内容,使得学生容易产生倦怠感,缺乏学习积极性,导致教学效果大幅下降。同样大学生关于爱国主义理论课程的学习,一般

---

① 《习近平中国梦重要论述学习问答》编写组编著.习近平中国梦重要论述学习问答[M].北京:党建读物出版社,2014:89.

都采用死记硬背的方式,他们关注的重点是如何应付考试,能够在卷面考试中取得较好的成绩。教师灌输性的理论教学和学生这种"填鸭式"的学习模式,使得高校的爱国主义教育难以达到预期的教学效果。至于大学生真正学到了些什么,对于各种理论和选择有多深的理解,对他们的人生观、世界观产生了多少影响,目前学校对这一方面的关注度还不够。因此,以课堂教学为主进行的爱国主义教育难以起到应有的作用。

2. 爱国主义教育的内容不能做到与时俱进

爱国主义教育的内容包含范围广泛,并且其内容应当随着时代和社会的变迁而不断更新。目前,我国的爱国主义教育主要依靠理论教学,涉及面较窄,与大学生实际生活缺乏密切的联系。作为爱国主义教育重要组成部分的中华民族的优秀传统文化和中华民族的优良传统以及贯穿千年的中华民族精神,在爱国主义教育相关教学内容中所占比重较少,不能够充分地包含爱国主义教育的所有方面,不利于完善大学生爱国主义体系。爱国主义的内容应当与社会的变迁、国际环境和当下的形势政策密切相关,而爱国主义教育的内容长时间僵化,系统更新较慢,已然不能适应时代潮流。从教学者的角度来说,他们自身更新知识系统的动力不足,使得爱国主义教学内容有待进一步充实。对于大学生来说,当前的爱国主义教育的内容对他们的吸引力不大,无法满足大学生适应时代的需要。

3. 高校爱国主义教育功利性强

爱国主义教育的目的是塑造价值观、培养爱国信念,这是一个长远而又艰巨的任务。要完成这项任务,可能需要长时间的努力和不断的付出。高校主要是通过思想政治理论课程进行爱国主义教育。思想政治理论课程的书本教学、课堂讲解和课后考试几乎就构成了爱国主义教育的全部方式,而高校期望仅通过这样一种方式就达到立竿见影的目的,实际上是完全不切实际的。爱国主义精神是一个不断修身的过程。在思想政治理论课教与学的过程中,教师与学生在教学目标上存在着错位现象,即教师希望学生能够增强自觉意识,形成牢固的爱国主义思想;而学生的意图更直接、表面和功利,他们为了修课程学分,并没有认识到这门课程的真正内容和具体意义,更谈不上深入理解爱国主义教育的精髓。

4.爱国主义教育的作用没有得到充分发挥

爱国主义在高校教育过程中担负着培养大学生责任感、引导大学生树立正确的"三观"等多方面的责任。从大学生主体角度来看,首先,爱国主义教育的内容空洞无物,理论晦涩难懂,具体的可操作性和实际效用较差,追求的目标过于理想化,爱国主义教育的内容和理论无法调动大学生的兴趣爱好和学习积极性。其次,爱国主义教育大多过于高层次化,与大学生所面临的实际环境关联不大,不了解大学生所面临的生活压力,因此更无法通过相关话题引导大学生解决生活烦恼以及帮助大学生树立正确的"三观"。再次,爱国主义教育往往口号性的目标较多,因此通过一些演讲比赛等活动可能会带来一段时间的热潮,但是只能起到形式性的作用。而大学生受到西方不良价值观的影响,对物质追求和利益追求大于对自身理想和抱负的追求,由于大学生没有牢固树立正确的"三观",难以抵挡来自生活中各方面的诱惑,因此充分发挥爱国主义教育的重要作用更加具有急迫性和必要性。

第三节　加强高校爱国主义教育

一、将理论教学与实践活动相结合，完善爱国主义教育的教学系统

在完善爱国主义教育教学系统中，爱国主义教育的理论教学是占据着重要地位的基础性内容。在教学过程中加强大学生对爱国主义教育的理论认同，并在理论认同的基础上去接受吸收爱国主义教育的具体内容。理论教学最重要的一部分就是课本教学，课本内容包括了众多的理论知识，具体的课本内容应当随着社会环境的变化做出适当的改变，以此吸引大学生的注意力。教学者在教学过程中不断丰富理论教学的方式，提高课堂互动，让大学生能够在内心认同理论教学的正确性和合理性，在此基础上进一步展开爱国主义教育内容。

理论教学可以让大学生对爱国主义教育的内容有基本的掌握，然后在此基础上开展实践活动的教学，加强大学生的爱国主义认识，将理论内容融入实践，从而帮助大学生承担社会责任。在日常的理论课程之外，可以通过各种演讲比赛、辩论赛等方式激发大学生的学习热情，开展大学生和社会不同角色对话等活动，让大学生体验人生百态，接触社会生活中的方方面面，激发大学生树立正确的人生理想和抱负，让大学生明白他们所背负的责任，并且为之不断奋斗。

二、充实爱国主义教育的内容系统

爱国主义本身就具有时代性的特征，随着社会变迁不断地加入新内容和新目标，而爱国主义教育作为引导性的教育更应当跟社会发展相适应，随着爱国主义的时代主题不断改变而更新内容体系，与社会形势和

国际环境相对应。爱国主义教育可以通过大学生对于社会发展的真切感受,增加大学生对爱国主义的理解,增强他们对爱国主义教育的认同感,加强爱国主义教育的实际效果。

中华民族传承五千年,在每一个阶段都有独特的爱国主义精神,都在向我们传承着中华儿女应有的社会责任感和应有的抱负,从北宋范仲淹"先天下之忧而忧,后天下之乐而乐"到近代的抗击八国联军的义和团运动、长达 8 年的抗日战争以及近些年来中华儿女在各个方面所取得的成就都体现了中华儿女的社会责任感,这些爱国精神也在不断地延续和传承。将这些有血有肉、真实感人的内容加入到爱国主义教育的内容体系中,将具体的理论教学案例化、分解化,可以将大学生的情感带入教学过程中,大大地提高教学效果。

三、增强爱国主义教育的连续性、针对性

爱国主义教育在向个人扩大影响时,实际上采用的是一种渗透的方式,表明爱国主义教育是个漫长的过程。因此,在爱国主义教育过程中,应当保持正确的态度,不可以有功利性的想法。此外,爱国主义教育的教师队伍应当逐渐完善,并且能够与时俱进,紧跟时代的步伐,适应整个爱国主义教育的发展。在爱国主义教学过程中,应当将爱国主义的全部内容融会贯通并进行讲授,爱国主义教育的具体内容也在随着年级学期的不同而逐步变化,形成一个连续性的内容教学体系,并且根据理论教学的不同而不断变化教学模式和实践活动,增强形式多样性。同时在爱国主义教育过程中应当根据瞬息万变的国际社会而增加针对性的教学内容,完善整个教学模式,让大学生了解当今社会的形势政策,从而促使大学生不断奋进,实现社会抱负和个人理想。

四、探索渗透式教育等方法

　　宽泛而空洞的填鸭式教育、僵化的考试模式对于任何一门学科教育都毫无益处，那么对于爱国主义教育更是如此。如果爱国主义教育太过于抽象化和空洞化，就没有办法直接落实到实际生活和贴近大学生的生活，因此对爱国主义的教育方式提出了更高的要求。渗透式教学就是采用各种方式将理论和精神渗透到学生的思想意识中，让大学生在潜意识中理解和认同所学学科的理论，并逐步主动将所学的理论知识应用到实践中，将所感染到的精神纳入自己的精神范围内，从而产生极佳的教学成果。大学生通过爱国主义教育能够主动增强对爱国主义的认同感，并且依据爱国主义教育的引导树立正确的人生观、价值观和世界观，主动承担自身的社会责任，成为有担当、有能力、有抱负的新青年，为中华民族之崛起而奋斗。渗透式教育既符合大学生身心特点，又符合爱国主义思想养成规律。

　　爱国主义教育在高校的培养计划和培养方案中占据着重要的地位，在引导大学生树立正确的"三观"方面起到重要效用，在引导大学生认清自己、解开疑惑和成长方面充当重要角色，在帮助大学生认清社会现实、社会理想方面也具有重要的作用，引导大学生主动承担社会责任，增强社会责任感，实现社会抱负和个人理想。因此，我们应当坚持爱国主义教育，改进爱国主义教育的教学方式、教学模式、内容体系等，发挥爱国主义教育的真正效果。

第四章　梦想在何处起航?

——实现中国梦,青年勇担当

1917 年俄国十月革命一声枪响,为中国送来了马克思主义。中国共产党人在马克思主义基本原理的科学指导下和持之以恒的实践探索努力中,终于找到了一条适合中国国情的发展道路,即中国特色社会主义道路。改革开放以来,我国抓住了发展的机遇,经济实力、综合国力持续提升,国内社会和谐稳定,在科技、文学、信息技术等各项领域中取得了一系列的发展成就。在国际社会中,我国奉行独立自主的和平外交政策,致力于推动建立公正合理的国际政治经济新秩序,提高了我国的国际地位,促进了人类和平与发展的正义事业。同时,我国也面临着来自国际国内和党内的诸多挑战,执政考验、改革开放考验、市场经济考验、外部环境考验是长期的、复杂的、严峻的,精神懈怠的危险、能力不足的危险、脱离群众的危险和消极腐败的危险更加尖锐地摆在全党面前。①

中国梦是在我们党长期执政、我国面临重大发展机遇与挑战的时代背景下,在当今世界和平、发展、合作、共赢成为主流,同时充满矛盾与冲突的时代背景下提出的,具有深深的时代烙印,饱含鲜明的时代特色。②

---

① 胡锦涛.在庆祝中国共产党成立90周年大会上的讲话[N].人民日报,2011-07-01.

② 中央党校中国特色社会主义理论体系研究中心.深刻把握中国梦的丰富内涵和特质[N].人民日报,2014-06-06.

中国梦是国家的梦、民族的梦,也是每一个中国人的梦。梦想是一个人奋斗的目标和前进的动力。强化大学生对于中国梦的认知,了解大学生对于中国梦的解读,才能更好地激发大学生筑梦、追梦、圆梦的激情,帮助大学生成为有益于他人、有益于社会、有益于国家的人才。真正做到实现中国梦,青年勇担当。

第一节　中国梦的内涵和目标

2012 年 11 月 29 日,习近平总书记在参观国家博物馆复兴之路展览时提出了中国梦的重要理念。习总书记指出:"实现中华民族伟大复兴,就是中华民族近代以来最伟大的中国梦。中国梦的本质是国家富强、民族振兴、人民幸福。"中国梦的最大特点就是把国家、民族和个人作为一个命运共同体,把国家利益、民族利益和每个人的具体利益紧紧联系在一起,体现了中华民族固有的"家国天下"的情怀。[①] 鸦片战争爆发后,我国经历了漫长、屈辱的被帝国主义国家侵略的历史,中国人民也在帝国主义国家的压迫下饱受折磨和凌辱。此后,实现国家的繁荣昌盛、民族的伟大复兴、人民的安稳幸福成了一代代中华儿女所肩负的重要使命。中国梦既是"宏大叙事"的国家梦,也是"具体而微"的个人梦。因此,中国梦不仅仅是国家的梦、民族的梦,也是每个中国人的梦。历史告诉我们,每个人的前途命运都与国家和民族的前途命运紧密联系在一起。中国梦为我们每个人实现自己的梦想提供了逐梦的平台,我们每个人为实现自身梦想而努力拼搏和坚持不懈的精神则成为实现中国梦的

[①]　中共中央宣传部.习近平总书记系列重要讲话读本[M].北京:学习出版社,2014:28.

不竭动力。只要每个人敢于有梦、勇于追梦、勤于圆梦,就能凝聚起强大的中国力量,使得中华民族稳立于世界民族之林。

中国梦的核心目标也可以概括为"两个100年"的奋斗目标,即中国共产党成立100年时全面建成小康社会,新中国成立100年时建成富强、民主、文明、和谐的社会主义现代化国家。[①] 在实现这"两个100年"奋斗目标的过程中,要始终坚持以社会主义理论体系作为指导,坚持弘扬以爱国主义为核心的民族精神和以改革创新为核心的时代精神,坚持走中国特色社会主义的发展道路。梦想的实现不可能一蹴而就,逐梦的过程也不可能一帆风顺,中国梦的实现需要一代代中华儿女锲而不舍、持之以恒地艰苦努力,方能最终到达胜利的彼岸。如何实现中国梦核心目标? 首先,要加快我国社会主义市场经济的健康快速可持续发展,提高人民的生活水平和质量,到2021年中国共产党成立100周年时,人民的生活基本能够达到小康水准,人们在解决温饱问题和基本生活需求的基础上,能够有余力去追求更好的物质,充实自身的精神世界。其次,要始终坚持政治、经济、文化、社会和生态"五位一体"的总布局,追求我国政治、经济、文化、社会和生态文明的共同发展。在此过程中,一是不断促进我国经济的持续健康发展;二是充分发挥我国社会主义政治制度的优越性;三是坚守我国的社会主义核心价值体系和核心价值观的建设,提高国家文化软实力;四是改善民生,创新社会管理,弘扬社会主旋律;五是大力推进生态文明建设,把我国建设成为资源节约型、环境友好型社会。到2049年中华人民共和国成立100周年之际,把我国建设成为国家富强、民族振兴、人民幸福的社会主义现代化国家。

---

① 新华网.学习贯彻习近平总书记参观《复兴之路》展览讲话述评[EB/OL].[2012 – 12 –06]. http://news. xinhuanet. com/politics/2012 – 12 –06/c_113936084_2. htm.

第二节　大学生心中的中国梦

大学生正处于人生中充满热情和活力的时期,他们有着向梦想不断前进的高昂斗志,关心国家方针、政策和路线的实施,关注国内外大事,更注重将自己的个人人生理想与追求融入国家和民族的伟大梦想中。正如"一千个读者就会有一千个哈姆雷特",每位大学生的中国梦具体来说,各不相同,具有个人的特色和向往。但总的来说,大学生心中的中国梦是由强国梦、民族梦和个人梦三个部分组成的。

一、强国梦

近代以来,中华民族饱受外来侵略者的侵犯,祖国面临风雨飘摇、山河破碎的窘境,人民生活倍感艰辛、饱受屈辱,素来具有自强不息精神的中华儿女在不断地反抗帝国主义、封建主义和官僚资本主义的斗争中最终取得胜利,建立了中华人民共和国;并在实践的基础上,不断总结经验教训,得出"落后就要挨打"的历史结论。怀揣梦想、向往光明的中华儿女此后更是将实现国家的繁荣强盛作为自己始终的追寻目标。强国梦是大学生心中中国梦的重要组成部分。大学生期待国家的经济能够可持续地深入发展,中国的国际地位能够进一步提升,在处理国际事务的过程中拥有更多的发言权和主动权,在力所能及的范围内承担更多的国际责任与义务,在与世界各国各民族的友好交往中进一步展现大国的魅力。中国的领土主权问题一直受到以美国为主的西方国家的干预,大学生们希望我国的军事实力和国家的综合国力能够不断增强,在关于国家领土问题纠纷的事件中以强大的军事实力和国力为依靠,倡导以和平的方式解决问题。科技是第一生产力。在信息技术高速发展的时代,大学生期待着科学技术创新能够取得飞跃式的发展,能够在科技领域独树一帜,成为科技发展领域的领头军。要实现中华民族的繁荣富强,建立一支廉洁高效的领导队伍显得尤为重要。大学生期待能够加强对贪污腐败现象的打击力度,进一步提高政府部门的公信力和工作效率。政府及其工作人员真正能够做到全心全意为人民服务,从维护最广大人民群众的根本利益出发,为人民谋福利。

二、民族梦

中国地广物博,人口众多,呈现"大杂居、小聚居"的居住模式。中华民族的大家庭由 56 个民族组成,凝聚各族人民的力量,成为实现中国梦过程中克服困难、战胜挫折的决定性因素。大学生心目中的中国梦包含着全国各族人民友好相处的梦想、港澳台同胞坚持"一个中国"的梦想,以及法治社会下文明和谐社会风气盛行的梦想。大学生期待着国家能够加强我国东部发达地区对中部和西部地区的帮扶力度,实现我国各地区的共同发展。汉族和少数民族的人民能够友好沟通和交流,摒弃"大汉族"理论和"汉族排挤论"等,引导各族人民树立起正确的民族观,共同为实现中国梦而奋斗,为实现国家的伟大复兴而努力。两岸关系的发展一直是大学生对国家时事政治的关注重点,在中国梦宏伟目标的引领下,大学生期望海内外中华儿女能够始终坚持"两岸一家亲"的理念,全面贯彻"一国两制"、"港人治港"、"澳人治澳"、高度自治的方针,坚定不移地走两岸关系的和平发展道路,加强港澳台地区与祖国大陆的密切联系,维护和保障港澳台地区的稳定发展,团结两岸同胞为实现中国梦而共同努力。中国梦的实现离不开和谐的社会环境。社会环境的好坏对国家的繁荣富强、人民的生活质量和状态起着决定性的作用。倡导建立起文明和谐的社会风气,不断提高国民的综合素质,依靠法律法规和社会舆论的约束,引导人民做出正确的价值判断和价值选择,共同建设良好的社会环境。

三、个人梦

中国梦归根结底还是人民的梦想,大学生是中国梦的实践主体。大学生心目中的中国梦还包含着他们自身的就业梦和生活梦。中国梦与大学生个人联系在一起。现阶段,大学生面临的就业形势依旧很严峻。但是现如今大学生对于工作的选择要求较高,包括工作单位体面、升职空间大、工资待遇福利好、具有"五险"和住房公积金等。在职业理想的引导下,大学生越来越注重自身知识的储备和个人技能的训练。他们希望自己能够找到满意的工作,实现人生的价值,并在此基础上,为社会和国家的发展出一份力。房价问题、医患矛盾、食品安全、生态环境、人口老龄化等问题都是大学生对中国梦实现感到压力的因素①。大学生对于未来的生活充满憧憬,他们希望能够有明确的人生目标、积极向上的乐观心态、较好的人际关系、比较优越的生活条件。大学生们希望在实现"小我"目标的基础上,在实现个人中国梦的过程中,为祖国的繁荣富强、民族的和谐稳定奉献自己的一份力量。梁启超先生曾说过:"少年智则国智,少年富则国富,少年强则国强。"大学生梦想的实现与中国梦的实现息息相关,高校和大学生自身要共同努力,实现大学生的理想和梦想,为实现中国梦增添力量。

① 张亮. 大学生的中国梦调查——以贵州高校学生为调查对象[J]. 才智,2015(16):187.

第三节　为实现中国梦增添力量

中国梦的实现需要每个公民共同筑梦。大学生在深入理解中国梦科学内涵和精神实质的基础上，要学会将个人抱负的实现与国家的前途命运相结合，将个人梦与强国梦、和谐梦相统一，从而为中国梦的实现贡献出自己的一份力量。

高校承担着大学生思想政治教育方面的重要责任，在深化大学生对于中国梦的认知方面也起着关键的作用。发挥大学生的积极性和主动性，为实现中国梦增添力量，高校需要做好以下几点工作。第一，教育者在日常教学的过程中，首先要充分发挥课堂理论教学的主渠道作用，向学生传授、讲解中国梦的本质、特点、实现目标等相关内容，加深大学生对中国梦的理论认知，帮助大学生在了解中国梦内涵的基础上更加深入地理解他们所肩负的责任和义务，明确树立起正确的人生理想和人生态度的意义所在，引导他们为中国梦的实现添砖加瓦。其次，要深入贯彻"以学生为本"的教学理念，改变枯燥的"政治语言"和照本宣科的"政治说教"，运用灵活多样的方式把中国梦教育引入课堂。通过组织学生观看中国梦的相关视频，使学生领会中国梦的由来、基本内涵、现实依据、实现道路、精神动力、依靠力量和未来走向，增强大学生相信中国梦必将实现的坚定信念。[①] 第二，高校的党委和团委要组织开展围绕中国梦主题的党支部活动和团支部学生活动，加强当代大学生对现阶段世情、国情和党情的了解，使他们认识到实现中国梦的必然性和重要性，为实现

---

① 徐柏才,崔龙燕.中国梦引领大学生思想政治教育的若干思考[J].中南民族大学学报:人文社会科学版,2015(1):159.

中国梦而努力拼搏。中国梦的实现仅仅依靠一个人、一部分人是很难实现的,实现中国梦必须要团结全国各族人民的力量。因此,高校要加强大学生的集体主义观念的教育和思想道德素养的培育。引导大学生将个人利益和集体利益、国家利益紧紧联系在一起,并将国家利益和集体利益放在个人利益的前面。帮助大学生树立起正确的世界观、人生观和价值观,使他们在日常生活中能够做出正确的价值判断和价值选择,让大学生们能够成长为"有理想、有道德、有纪律、有文化"的青年。此外,通过开展围绕中国梦主题的教育活动,可邀请专家学者来高校开展关于中国梦的主题讲座,指出大学生个人梦的实现与中国梦之间的关系,使中国梦的宣传教育深入大学生的学习生活中,增强大学生作为中国梦实践主体的意识,加深大学生对中国梦的切身感受。第三,组织学生参观革命纪念馆、博物馆,带领学生深入社会基层,使他们切身体会到革命先烈为了祖国的美好明天勇于拼搏、无私奉献的大无畏精神以及我国自改革开放以来在中国共产党的正确领导下取得的历史成就,引导大学生更加清醒地认识自身所肩负的实现国家富强、民族振兴的伟大使命。高校还应该在校园中营造"为中国梦增添力量"的校园文化氛围,利用校园网站、广播站、宣传栏等积极宣传中国梦的相关信息。举办以中国梦为主题的征文比赛、辩论赛、演讲比赛、知识竞赛等活动,引导学生深入学习和理解中国梦的科学内涵和精神实质。

大学生本身就是中国梦的实践主体之一。大学生为实现中国梦增添力量,要做好以下三点。一是将知识技能的学习与思想品德修养的培育相结合。大学生不仅要成为有才能的人,更要成为具有良好道德操守的人。在日常学习生活中,一方面,大学生要认真学习专业课,建立起丰富的理论知识储备,并进一步锻炼自身的实践能力,熟练掌握技能,从而为实现个人梦乃至中国梦奠定良好的基础。另一方面,大学生要加强自身的道德品质修养的培育,树立起爱国主义思想和集体主义观念,建立起正确的道德观念,自觉遵守社会公德、职业道德、家庭美德,成为德、智、体、美、劳全面发展的优质青年。二是将个人的成功和国家的前途命运相结合。大学生要清醒地认识到个人的成功离不开集体和社会,在追求个人利益的过程中,要正确地处理好个人与集体、社会的关系。大学生要积极参与社会实践活动,培养自身的奉献精神和服务意识,走出社交冷漠的城墙,在帮助他人和服务社会的过程中不断收获幸福感和成就感。三是培养自身主人翁的意识。大学生要多关心国家路线及方针、政策的实施,关注社会热点时事,必要时为国家的建设和社会的发展积极出言献策。既要提高自身的自律意识,自觉抵制不良风气和思想的侵袭,也要主动维护社会正义,促进社会和谐文明风气的建设。

梦想走向现实需要立足于实践,无论大事、小事,都要踏踏实实、认认真真地去做。当代大学生要勇于吃苦、乐于奉献、敢于拼搏、与时俱进,学好专业知识,培育高尚品德,成为社会主义事业的合格建设者,从而为中国梦的实现奉献出自己的智慧和劳动,让青春焕发出无限的光彩,让祖国的明天更加灿烂辉煌。

第二篇 个人困惑解答

　　大学生处在经济全球化浪潮和信息化、网络化的知识经济时代中,世界各国的价值观、文化制度与生活方式交融、碰撞。中国处于各种社会意识与思想潮流相互激荡、纷繁复杂的转型期,在这样的环境背景下,必然会产生信仰多元化,对当代中国大学生产生巨大影响。传统的固有信仰不断遭到冲击,而新的信仰价值观又尚未完全建立,造成大学生信仰迷茫,从而产生了信仰的断裂。因此,引导大学生树立正确的信仰——中国化的马克思主义的政治信仰——是当代大学生思想政治教育的关键和紧迫的任务。

第一章　人生因什么而伟大?

——大学生的信仰

　　对象性活动是人的活动的最本质的特征,马克思主义引入实践观,认为实践决定认识,认识反过来又指导实践,精神意识为实践提供强大的精神动力和智力支持。信仰是精神意识的重要组成部分,对人自身及人类的发展具有重要的支撑和指导作用。有无信仰或信仰的对错,对大学生的精神发展和人生方向起着至关重要的作用。信仰的生成和实际状况取决于时代的发展、社会结构的转型与变迁。大学生处在经济全球化浪潮和信息化、网络化的知识经济时代中,世界各国的价值观、文化制度与生活方式交融、碰撞。中国处于各种社会意识与思想潮流相互激荡、纷繁复杂的转型期,在这样的背景环境下,必然会产生信仰多元化,对当代中国大学生产生巨大影响。传统的固有信仰不断遭到冲击,而新的信仰价值观又尚未完全建立,造成大学生信仰迷茫,从而产生了信仰的断裂。因此,引导大学生树立正确的信仰——中国化的马克思主义的政治信仰——是当代大学生思想政治教育的关键和紧迫的任务。

第一节　何谓信仰?

　　有人认为,信仰是人们将自己信服和尊崇的某种理论、学说、主义奉为自己的行为准则和活动指南。① 在多种因素的共同影响作用下,信仰一经形成便深深扎根,难以动摇,甚至成为人们终生深信不疑、执着追求的信念。有人认为,信仰在人的生活中扮演着精神动力、精神基石的角色,同时,更是一个国家、民族、群体凝聚力、生命力的体现。信仰是一个人精神动力的源泉,是坚持自身生活方式的基石。同时,一个国家、一个民族的强大凝聚力、伟大向心力可以通过共同的信仰来加以维系。总体来说,信仰是指人们对某种事物、思想、理论等的认可并加以推崇,进而形成一种执着追求的意志行为,并依此形成自身言行的准则和指南。信仰具有重要的意义,小到个人,大到国家、社会的发展,都离不开信仰的支撑。

对个人来说,信仰是一种不可缺少的精神需求,是人类立足于现实生活,对精神层面一种真善美境界的追求与向往,信仰对精神世界的追求也体现了人类对自身的关怀。处于集中学习的大学阶段,特别是在原有的传统主流信仰遭到外来文化的冲击而新的完善的信仰观念还未站稳脚跟的时期,大学生对信仰的选择往往会出现诸多问题,不易做出正确的判断和选择,因此,对大学生进行信仰教育就显得尤为重要。大学生的信仰教育即引导大学生树立马克思主义信仰,具体来讲,主要包括四个方面,即对马克思主义的信仰、对社会主义的信念、对改革开放和社会主义现代化建设的信心以及对党和政府的信任。②

从国家意识形态角度讲,信仰的有无、正确与否、能否传承,在一定程度上来说关系到国家社会发展的前途命运。要坚持不懈地用马克思

---

① 荆学民.人类信仰论[M].上海:上海文化出版社,1992:58.

② 姚文华.加强社会主义荣辱观教育　重塑大学生思想道德修养[J].求实,2006(3): 232-233.

列宁主义、毛泽东思想、邓小平理论和"三个代表"重要思想武装大学生的头脑,深入开展党的基本理论、基本路线、基本纲领和基本经验教育,开展中国革命、中国建设和社会主义改革开放的历史教育,开展基本国情和形势政策教育,开展科学发展观和习近平总书记系列讲话精神教育,使大学生正确认识社会的发展规律、国家的前途命运、自身的社会责任,确立在中国共产党领导下走中国特色社会主义道路、实现中华民族伟大复兴的共同理想和坚定信念;①同时,要积极引导大学生不断追求更高的目标,使他们中的先进分子树立实现共产主义的伟大理想,确立马克思主义的理想信念。要达到这些要求,就必须加强大学生马克思主义信仰教育,帮助他们树立正确的"三观",确立正确的人生道路和人生目的。

信仰教育是为了构建大学生成长成才与国家经济社会发展的一致性。大学生是祖国的未来和民族的希望。加强大学生信仰教育有着深远持久的意义,它关系到大学生的身心健康,关系到能否成为德才兼备的"四有"新人。

第一,信仰对大学生"三观"的树立有着重要的影响。信仰在一定程度上代表了一种整体的、超越性的理论体系和观念形态,通过思维方式对大学生世界观、人生观、价值观的形成与发展产生潜移默化的影响。就像荆学民说的:"世界观的形成和获得虽然可以是科学地认识世界的结晶,也可以以一定的知识观念或理论体系表达或陈述出来,但它却必须依赖信仰所提供的'超越性'而获得自己完整的规定性,并且要以'信仰'的形式存在于主体的精神世界之中。凡世界观在思维方式中的作

———————————

① 张梅.论全球化背景下的大学生信仰教育[J].学校党建与思想教育,2009(7):35 - 91.

用,一般意义上均可理解为信仰的作用。"①引导大学生树立科学的正确的信仰,能够指导大学生正确地认识世界,积极对待人生,选择正确的前途与命运,在遇到挫折时坚定信念,树立正确的人生态度。

第二,正确的信仰是大学生成长成才的精神支柱。科学的信仰可以引导大学生进入丰富的精神境界,在从对家庭的依赖向自身的独立这一过渡阶段可以有所支撑,修复情感依赖断层带来的无所适从。情感和精神的需要,就如同人的意识一样,在人的生存发展的实践中一直存在着。一种科学的信仰可以丰富大学生的精神世界,培养大学生的独立精神。

第三,大学生人格的形成受信仰的影响。信仰是健全人格形成不可或缺的因素之一,所谓的健全人格是指人能够正视环境与个人的责任,因而对自身、别人或所居的环境能够正确的适应,信仰使大学生看待自己、对待他人、理解社会的态度和行为准则得以规范。② 大学生自我管理情绪和行为的能力较弱,易于激动和冲动。信仰是大学生身心安全和健康的阀门。正确的道德信仰有利于塑造大学生完善而健康的人格,避免出现因错误的信仰或无信仰导致漠视生命、践踏生命尊严,对社会、他人以及自己产生恶劣影响和后果的思想、行为。

第二节　大学生信仰误区

在我国"四个全面"战略布局快速推进和世界合作共赢的新形势下,新旧观念冲突,各种思想文化相互激荡碰撞。在这样的时代背景和社会环境下,处于建立意识形态和思维模式关键时期的大学生,往往会面临

---

① 荆学民.社会转型与信仰重建[M].太原:山西教育出版社,1999:150.
② 马晓燕.当代中国人信仰问题研究[D].长春:东北师范大学,2008:5.

信仰选择不当、信仰迷茫甚至无信仰等种种问题,加上对原有信仰的质疑,大学生信仰逐渐步入一些误区。

一、信仰迷惘或缺失

有调查数据显示,被调查的大学生对象中,近半数的大学生承认自己没有信仰,认为自己有信仰的大学生仅占被调查人数的36%,还有15%左右的大学生并不知道自己有无信仰。[①]尽管大学生信仰状况有所变化,逐渐向更好方向发展,但是的确还存在着一些让人担忧的现象,信仰缺失在一定程度上还存在着。社会经济的发展、物质生活的极大丰富,使得大学生在众多诱惑和多样化的追求面前迷失,他们不知道该信仰什么,甚至不知道信仰为何物,不知道执着追求信仰是什么样的感觉,不知道什么是自己想做的,什么是自己应该做的,究竟什么是适合自己的。"无聊""空虚"是一部分大学生精神状态的写照。同时,当前社会快速发展的趋势又使得事物具有多样性,今天还在热烈追捧的东西,说不定过不了几天就会成为明日黄花,大学生在这样的发展面前无所适从、不知所措,不知道在这快速变动的社会局势下该如何抉择、该朝哪个方向去努力。所以,有的大学生放弃挣扎,干脆什么都不做,终日虚度。由于信仰的缺失,精神就像无根的芦苇,生活变得无聊而空虚。没有正确的信仰,一些大学生往往把精神寄托在某些小事上,脆弱的身心会急于得到外界的支持和肯定,陶醉于别人的好评,沉溺于享乐,一旦事情违背了自己的想象,就会容易做出极端的事情。

① 陈丽杰.当代大学生信仰危机与重建[J].辽宁教育研究,2005(12):79.

二、主流思想认同模糊

相关的问卷调查结果显示,对"如何看待马列主义、毛泽东思想、邓小平理论和'三个代表'重要思想"这一问题,不少学生认为"已经过时,不能再作为指导思想"。在调查"当今校园中大学生对'马列主义'产生情感淡漠的原因"时,有近80%的人认为"社会主义市场经济条件下,马列主义的指导性已逐渐模糊"①。有些大学生对我国当前是在搞社会主义还是搞资本主义等问题认识不清,甚至认为社会主义和资本主义将会逐步融合,最终走向趋同。由此可见,有的大学生对主流的指导思想认同较模糊。当今社会竞争日趋激烈,大学生的思维方式也在不断发生着变化。原有的理想追求已变得不切实际,他们更多地把目光放在关注现实、适应现实生活上,马克思主义并不能被他们理解和接受。当他们遇到困难和挫折时,不是用马克思主义的思想和方法去解决问题,而是寻求和迎合一些落后的不健康的东西。殊不知,共产主义既是作为观念体系的理想,又是现实运动,即以现实为基础的通向未来美好社会的无产阶级实际革命和行动。共产主义不是观念的产物,也不是少数人的事,而只有依赖全世界人民世代不懈的努力才能最终实现。

信仰多样化也带来信仰的不稳定。从传统到现代,从东方到西方,大学生信仰的对象各种各样;同时,也有可能一个人会对多种信仰感兴趣,广泛涉猎不同信仰的相关知识,不断了解甚至深入接触。举例来说,有的大学生会既相信科学,又相信宗教,科学使他们的生活趋于现代化,提供了生活上方方面面的便利,而对宗教的追求,则是因为宗教所宣扬的一些理论或者观点,会给他们带来精神上的满足、慰藉或者寄托。有

---

① 赵金飞.社会转型期大学生信仰状况调查与研究[J].嘉兴学院学报,2011(1):8.

的大学生会在不同的时间、场合表现出不同的信仰追求。在日常生活中,他们可能会奉行自由主义、个人主义等,但在国家社会遇到重大灾难的时候,他们又会非常关心,捐款捐物,表现出强烈的爱国主义和人道主义精神。① 这些都说明大学生的信仰呈现多样性以及多变性,他们的信仰很不稳定,也不够执着。越是在这种情况下,越发显示出帮助大学生树立马克思主义信仰的紧迫性和重要性。

三、功利化倾向突出

如前所述,大量调查数据表明大学生的思想信仰是积极健康的,与主流信仰方向相一致,但也有一小部分的大学生存在着不健康的思想观念,比如政治信仰的功利倾向,价值信仰的世俗化和功利化等。少数大学生入党积极分子在入党初期存在着动机不端、不纯,或是为了将来好就业,或是帮助将来"官运亨通",或是觉得成为一名共产党员说出来是"很有面子的事",将入党当作炫耀或者追名逐利的捷径和手段之一,具有较明显的功利倾向。诸如"人不为己,天诛地灭""有钱能使鬼推磨""人生在世,吃喝二字"等自私自利和及时行乐的功利主义人生观在大学生中具有一定的影响。

价值信仰的功利化和世俗化主要表现在,市场价值观念影响下,部分大学生信奉经济生活原则,抛却了文化和道德的内在约束作用,一切以市场规律为标杆。② 他们承认市场的公平竞争、合作共赢、等价交换等原则,但功名利禄逐渐侵蚀了信仰,评价一个人的成功与否不在于道德品质如何,而是功利性地认为谁赚的钱多谁的地位权力高,就代表了谁

---

① 王康.在杭大学生宗教信仰问题调查与思考[J].思想教育研究,2007(7):50-52.
② 黄明理.社会主义道德信仰研究[M].北京:人民出版社,2006:252-269.

更成功。在一切向"钱"看,向"厚"赚的市场化、功利化观念的驱使下,原有的人生信念趋于淡化以致消失,市场价值取向逐渐取代人生信念取向。

信仰与道德是紧密联系的。凡是信仰存在误区的必然在道德上表现为极强的个人主体意识,甚至表现出极端个人主义的错误倾向,他们以自我为中心,价值主体向个人本位倾斜。他们往往集体观念淡薄,更关注自己的一片小天地。

第三节　树立正确的信仰

使大学生具备正确的信仰,需要从方方面面去努力,包括对未形成信仰的大学生进行信仰的塑造,对已经形成的信仰加以引导和完善,改正不足方面等等。在坚持以马克思主义一元化思想为指导的前提下,坚持多元思潮共存,这是由中国特色社会主义的历史、现实决定的。作为有一定知识积累和辨别能力的大学生,同时还有着不同于成熟人的质疑与叛逆心理。在对他们进行主流信仰教育的时候,要注意做到形式喜闻乐见,内容生动有趣,不可单一乏味、生搬硬套。信仰是个思想问题,是发自内心深处的信念,具有自由选择的特点,仅靠任何要求和强迫,对塑造一个人的信仰是不可行的。

一、强化高校信仰教育效果

对大学生的信仰教育,会直接关系到大学生信仰状况,无论是目前普遍存在于大学生中的信仰缺失问题还是信仰迷茫、信仰不当等问题,都或多或少地与教育效果有必然的联系。所以,当今高校完善信仰教育课程,加强大学生的思想道德修养,及时有效地帮助大学生认清不同信仰的本质,指导他们做出正确的信仰选择,抵制不良信仰的影响,是思想政治教育的一项重要工作。对大学生进行信仰教育是高校德育的灵魂,也是高校德育的根本任务所在。

第一,教育体制要完善。高校要高度重视大学生信仰教育,在教育研究、教师队伍、教育体制方面投入更大的财力、物力,完善高校信仰教育与管理体制。本着整体和局部统一的原则,在思想政治教育这个动态系统中,各要素相互影响和相互作用。要探索出多种形式的教育途径和方法,例如专题、学术讲座、讨论等形式;在教育者的选拔和任用中,也要注意层层把关,形成一套严格、实效的思想政治理论课教师聘用、考核、培训机制,使真正具有马克思主义信仰并能运用马克思主义信仰的教师担任信仰教育的中坚力量;在信仰教育体制方面,形成思想政治理论课教师、辅导员相互合作,党团组织协作整体互动的局面。[①]

第二,教育内容要生动。首先要突出政治教育主导性,突出教育的政治性,政治教育处于主导地位,是思想政治教育的核心内容与灵魂。思想政治教育的根本属性是进行政治教育,指引思想政治教育沿着正确的方向发展,帮助学生树立正确的政治观,坚持中国特色社会主义理想信念不动摇。其次,作为大学生信仰教育的骨干队伍力量,高校思想政治理论课教师、辅导员对大学生信仰观产生着极为重要的影响。所以,思想政治理论课教师和辅导员要运用多种教学方式,坚持时效性和趣味性相结合的原则。对大学生关注的热点、疑难问题要及时搜集整理,对思想认识问题予以解决。要增强大学生思想政治教育内容的可读性,使

---

① 崔翠利,余玉花.信仰与大学生的发展——兼论大学生信仰教育[J].内蒙古师范大学学报(教育科学版),2010,23(1).

语言活泼生动、表达方式多样化，使大学生对这些问题有深入的了解和切实的思考与体会，通过用马克思主义的思想方法合理引导，帮助他们真正确立起正确的思考方式和行为准则。

第三，教育形式要灵活。学校教育要克服"书本中心""教师中心"和死记硬背的教学模式，要使学生在探究、选择和创造的过程中获得知识，从而形成科学精神、创新精神，树立正确的世界观。在信仰教育的过程中，必须拆除阻碍学校与社会、课程与生活之间融会贯通的藩篱，让学生深入社会、了解社会、服务社会，增加实践教学环节，避免填鸭式教育带来的学生对信仰教育不重视甚至排斥等问题，还可组织各种校园活动和社会实践活动（如爬山、越野、模拟面试、集中军事训练，到农村、西部、社区实习锻炼等），使大学生在各种活动中，培养正确的价值观和处理问题的能力以及坚忍的品格等等。

第四，创造有益于大学生科学信仰形成的教育环境。全方位、全动员、全投入地营造信仰培育氛围，是高等院校大学生信仰培育的关键，也是一个难点。一方面，要对大学生多元信仰持宽容态度，尊重大学生各自的信仰。通过多种途径了解大学生的学习、生活以及精神需要和现状，并尽可能地给予关心和帮助，使他们精神上获得满足，避免走上极端，或者加入宗教组织等寻找精神安慰和寄托。另一方面，高校要加强对校园内宗教信仰的监管。宣传国家的宗教信仰政策，使大学生自觉抵制不良宗教传教活动；组织专门人员对校园内学生的宗教组织活动进行教育、管理，通过各种网络技术手段对不良宗教信息进行屏蔽，加强对学校附近宗教人员和宗教机构的监管，并与之进行沟通和协调，减少在学校附近的宗教活动，千方百计地制止和消除宗教对高校的隐形渗透。再次，加强班级文化和校园文化的建设，使大学生能在班级和群体的活动中,通过增进学生之间的友谊,加强他们之间的交流和沟通,达到对大学生精神和心理需求方面的问题的解决。同时加强校园物质文化、精神文化、制度文化建设,突出以人为本的理念,使大学校园成为尊重人、理解人、帮助人的和谐校园,使大学生感受到校园的温暖,同时能够使他们敢于向教师等人员寻求解决问题的途径。

二、净化社会环境

净化社会环境对于一个人信仰的形成和教化发挥着至关重要的作用。在人的社会化的过程中,潜移默化中对人进行了信仰教育,使每个人接受社会上普遍通行的价值观念。当一个人接受了社会的普世价值观时,就标志着社会化过程的完成。① 社会主义国家的思想政治教育和马克思主义理论教育,从根本上说,也是一种信仰教育,目的是使人们接受马克思主义的世界观、方法论和社会主义的价值观念。

社会的信仰教育对大学生的信仰教育起关键作用,家庭、学校、社会大众传媒等共同创造出社会的形象,当这种社会形象的权威性越高时,对大学生的影响就会越大,也越容易被大学生接受,进而转化为自己的行为方式和信仰准则。所以,一方面,社会要加大对媒体的监管,并且通过媒体加大对各种不合理信仰的批判,并对各种热点问题运用马克思主义理论进行正确分析,合理引导大学生的正确价值观;另一方面,社会只有通过加强自身的建设和改革,完善各方面制度,消除自身的腐败现象和不良影响,才能从根本上遏制各种不良信仰的影响。

突出社会主义核心价值观教育,从大学生思想实际状况出发,解放

---

① 孟迎辉.政治信仰与苏联巨变[D].北京:中央党校,2004.

思想,转变观念,养成良好稳定的道德品行。加强公民道德教育,树立以为人民服务为核心,以集体主义为原则的思想道德教育,提高大学生整体素质,还要对大学生进行深化科学发展观教育、加强心理健康教育、开展职业素质教育等。

三、大学生自我超越

信仰的力量既来源于现实,又超越现实。大学生作为信仰教育的主体和主要接受者,信仰教育成败的关键就在于大学生自身。如何塑造科学正确的信仰,最终还是要落实到大学生自身行动中,只有大学生完成自我超越,才能从内心深处坚定正确的信仰。

第一,深刻理解马克思主义科学理论。科学信仰建立在正确的认识基础之上,只有真正地认识马克思主义、深刻地理解马克思主义,才能坚定地信仰马克思主义。可以通过多读关于马克思主义的著作,准确、全面理解其中的原理和思想。一知半解、道听途说来的马克思主义,不是真正的马克思主义,大学生不仅无法被其伟大的理论和思想折服,更有可能产生抵触情绪,自然不可能树立起马克思主义的科学信仰。

第二,深刻体会信仰的力量。大学生只有投入活生生的社会实践,才能真正体悟马克思主义的科学精神和真理性力量。科学的信仰不仅停留在知识层面、思想层面,更应该建立在实际运用和实践体验中。只有在实践之中,运用马克思主义理论指导自己的行动,反复用实践的结果来检验马克思主义的真理性,才能坚定地信服马克思主义。在运用马克思主义的科学信仰解决、克服困难的过程中,会更加坚定马克思主义信仰,增加认同感。

第三,抵御诱惑,明辨是非。这要求大学生努力识别和抵制各种错误思想的影响。在现实生活中,各种各样的错误思想经常地、大量地存在,并且时时刻刻都在影响和侵袭着人们的思想,干扰着人们的科学信仰。大学生要善于看清它们的伪装,明辨是非,透过虚伪的表面看清真实的内在,坚决抵制错误思想侵蚀自己的信仰,坚定马克思主义信仰不动摇。

信仰,对大学生来说,是一个崇高而又有魅力的词语。无数事实都揭示这样的道理:一个没有信仰的人,就会如同大海中一叶无人驾驶的扁舟,随时都会为狂风恶浪所吞没。古往今来,凡是有作为的人,无不心怀坚定的信仰。信仰是一种有助于大学生成才的巨大精神力量,是坚实的精神支柱,是一个国家、一个民族不可缺少的立足之基。当代青年大学生,也就是人们常常所说的"80后""90后",曾被社会舆论评价为"叛逆的一代""迷惘的一代""垮掉的一代"。[①] 而事实证明,当代大学生坚定马克思主义的信仰,是有责任和能担当的一代,是中华民族伟大复兴大有希望的一代,也是中国特色社会主义建设中值得信赖及可靠的一代。问题是,就每个大学生个体而言,可以试问自己:"我应该有何作为?能够有何作为?"

———————————

① 张桂生.大学生成长探索[M].北京:中央编译出版社,2011:35.

第二章　你是"宅"一族吗？

——大学生课余时间管理

成都某高校的一个大学生,有这样一张作息时间表:13:00,起床,吃中饭;14:00,去网吧玩网络游戏;17:00,晚饭在网吧里叫的外卖;通宵"练级";第二天早上9:00回宿舍休息……这位大学生几乎把所有的空余时间都拿来打游戏,并开始拒绝参加同学聚会和活动。大约两个月之后,他发现自己思维跟不上同学的节奏,脑子里想的都是游戏里发生的事,遇到事情会首先用游戏中的规则来考虑。他开始感到不适应现实生活,陷入了深深的焦虑之中。

"宅女们都卖给电影、电视剧了!"这是高校女大学生业余生活的风景。女生看影视剧很"疯狂",经典老剧、韩剧、美剧、新出的电影大片"统统都不放过"。宿舍楼道里经常看不到人影,推开每扇门都会看到同一景象:每个人都面朝自己的电脑,戴着耳机,要么哭,要么笑,要么面无表情,进来个小偷都不会有人发现。

大学期间是一个大学生可自由支配时间十分充裕的阶段。据相关统计,大学四年时间共34088小时,扣除正常上课时间6336小时(按每周上课36学时,每学时1小时,一年44周计算),再减去睡觉、吃饭、体育锻炼等时间(按每天10小时计算),剩余时间约为13152小时,是正常上课时间的两倍多。可见,大学生的课余时间占整个大学生活时间总量的比例相当大。这么多的课余时间,也就意味着在大学生成长成才的关键时期,能否合理分配利用好时间至关重要。大量的课余时间如果安排得当,大学生活应该是丰富多彩的。但是,有的大学生呈现出来的状态却是不同程度的空虚、无聊,整天无所事事,在游戏或电视剧中度过一天又一天,单调乏味,成为"宅"一族。

第一节 合理分配课余时间的重要性

作为一种特殊而又珍贵的资源,时间的价值是不可估量的。计划合理,利用得当,可以创造无尽的财富。与此同时,时间不可倒流,其不可逆转的特性决定了任何人都不可能令时间停滞。

大学的生活方式和课程结构与中学有着根本的差异,大学生活区别于中学时期的最大的就是课余时间的大大增多,时间的自由支配权明显增大,课余生活活动方式可选择性更广,自觉性成了大学生生活学习的主要特征。从中学的集中式、强制式的被动学习生活中解放出来,就像长时间被关在笼中而刚飞出笼子的小鸟,面对广阔的蓝天会有一瞬间的迷茫,待适应过来会展开翅膀,一头扎进那个期盼了很久的蓝天。

从迈入大学校门开始,就预示着你将以新的身份开始全新的生活。在这片处处充斥着自由空气和新鲜事物的地方,既代表着机遇,也有可能是巨大的挑战。在这个知识的海洋里,如果你可以充分利用、分配好自己的课余时间,汲取学术知识,积极参加各种课外活动,充分锻炼自己的交际、组织等能力,同时也可以选择去做一些兼职,挣得外快的同时,也获得更多的社会经验,为将来顺利进入社会牵线搭桥、铺平道路。当然,也有的大学生面对突然充裕的课余时间会极度兴奋或者不知所措。

兴奋的是终于没有人再来约束自己,想几点睡几点睡,想几点起床几点起床,游戏时间可以无限延长,小说电视剧随便看……久而久之,成了名副其实的宅一族,消耗着大好的青春,等大学毕业除了手上那两张险中又险拿到的毕业证和学位证,增加的就只剩体重和眼镜度数。所以,如何充实、精彩地度过大学生活,是值得我们好好思考的问题。

时间无影无形,无法伸手触摸,但却实实在在为每个人所拥有,并与人类生产生活息息相关。时间是最公平的,一天 24 小时,每个人都不多也不少。时间的无限价值,值得每个人去珍惜。大学生有大量可供自由支配的时间,但他们往往不能良好地管理自己的时间,浪费着时间,没有正确的时间观念,导致起初设定的目标不能实现。因此,当代大学生应该学会管理时间。一个善于管理好时间的人,往往能够有规律、有主次地安排自己的日常生活,能够清楚地知道在某个时间段内该做什么和不该做什么,做事有效率,生活充实而多彩。同时,能够管理好时间的人,计划性强,对自己的未来有一定的规划,心态积极地努力实现自我价值,从而充实自己的人生。

大学生管理时间的能力,不仅对大学期间能否顺利度过产生至关重要的影响,而且对将来踏入社会,甚至整个未来的一生都起着重大的作用。大学阶段作为人生成长的一个重要阶段,特别是充足的课余时间可供大学生自己支配,也正是大学生自主意识和自制能力提高、发展的重要时期。大学生能否实现社会和自我的角色定位,很大程度上取决于他们如何把握自己的自主时间权,能否利用自主时间进行自我教育和实现自我完善。由此可见,大学生未来发展好坏和课余时间利用合不合理有很大的关系。

大学生合理利用课余时间的重要性是不言而喻的。众所周知,目前大学生的就业形势十分严峻,如果不能在大学期间充分利用时间多学知识、提高自身各方面的能力与素养,在未来的求职道路上会跌跌撞撞,难以找到好工作。而且,现阶段大学生的学习状态也让人着急,平时,在图书馆看书的同学寥寥无几,偌大的图书馆冷冷清清;而一到期末考试时间,图书馆成了争抢之地。这种为了考试而临时抱佛脚学来的知识又怎么可能扎实,将来在职场上你又拿什么来与他人比拼,甚至连自己的本职工作都不一定能做得好。

大学生充分合理利用时间不仅是重要的,而且是必要的。目前,社会上的工作单位普遍对大学生的评价比较低,要么死读书不会变通,要么知识储备不够,要么懒散惯了不受约束……在高速发展的社会,人才淘汰速度也在加快,如果大学生不提高自身素质、能力、专业知识的存储量,很快就会被社会淘汰。

课余时间的增加,使大学生可以有更多的时间和机会去促进人际交往、信息互动以及自我个性的发展,所以一定要避免课余时间被冗余的、自流性和盲目性的闲暇行为所占据,从而产生对个人、班级、学校甚至社会的负面效应。[①] 由此可见,是否能引导大学生分配利用好课余时间,是高校素质教育的重要内容。

第二节　大学生课余时间分配现状

大学生课余时间充裕,学校将更多的时间交给学生,其目的是希望学生能够锻炼自己的自主学习能力,发展自身个性,不断提升自身实力,

---

① 施爱民.当代大学生自主时间利用状况的比较研究——与二十年前大学生相比[J].湖南医科大学学报:社会科学版,2008,9(5):216-217.

为以后在社会上立足做好充足的准备。但落到实处却表现出了不同的状态。总体来看,大学生课余时间分配现状的主流是好的,也存在一些明显的问题。具体表现如下:

第一,丰富多彩的课余生活。"食堂—教室—宿舍"三点一线的模式在大部分学生踏入大学校门没多久就被他们"抛弃",他们迅速融入内容广泛、种类繁多、丰富多彩的学校文化氛围中。各种形式、各种类型的社团及其组织的活动为大学生提供了机会,从传统的琴棋书画大赛、才艺展示、演讲辩论到具有现代气息的模拟金融投资、市场营销等活动让人眼花缭乱,学习专业知识、扩大知识面、举办校园文化活动、体育锻炼、勤工俭学、社会实践、恋爱、上网及其他形式的休闲娱乐等都展现了课余生活的多样性与丰富性。①

第二,未来规划影响大学生活现状。比如,确定大学毕业继续深造的,会在课余时间更多地学习相关的知识,复习备考相关内容;而毕业后选择工作的学生,会更多地注重社会实践活动的参加,培养自己各方面的能力,要么在学生会、社团等参加活动、担任职务,锻炼自己的协调能力,要么到社会上去做兼职,积累更多的职场经验和工作经验;与这些目标明确的大学生相比,一部分迷茫没有目标的大学生,课余生活显得随意了许多,睡懒觉、各种娱乐消遣占据了其课余生活的大部分时间。

第三,整体来看,大学生课余生活喜忧参半。喜的是,充足的课余时间对于那些有较强自我管理能力和自主学习能力的学生来说,为自我完善和提升留下了广阔的空间,使得他们可以在课堂之外积极主动地去寻求更多实用有效的东西。这些大学生能够合理安排自己的时间,一般会

---

① 朱岑昀,周敏.浅析当代大学生课余时间安排的问题[J].中国市场,2011(40):174-176.

在以下几个方面有所体现:一是利用课余时间到自习室或者图书馆巩固自己的专业知识,打牢基础;二是查阅自己感兴趣的专业或领域相关的书籍,阅读钻研,扩大知识面,增加知识储备量,为将来奠定基础;三是参加学校、学院的学生会、社团等,通过社会实践,提升管理能力、组织能力、协调能力等,从而提高社会适应能力;四是发展自己的兴趣爱好,如体育运动、舞蹈艺术等,不仅可以锻炼身体,还可以培养自身气质。令人担忧的是许多学生将过多课余时间当成了需要填满的"无聊"负担,导致他们毫无规律、没有计划地度过四年大学生活。大学生中认为时间充裕的多,有效利用的少;认识到位的多,行动到位的少;发现自身问题的多,真正改变的少;希望自主安排的多,希望别人安排的少;得过且过随意挥霍的多,有目标导向充分利用的少。[①] 他们的课余时间要么看影视剧、购物、逛街、游山玩水,要么将课余时间当作恋爱时间,与男女朋友卿卿我我;或者是异地恋的学生去看望在异地的男女朋友;或者沉溺在游戏的世界里无法自拔,通宵达旦地玩游戏;再或者就是窝在寝室里睡懒觉。这些都是贪图享乐的切实案例,在大学生中比比皆是。

这说明一部分大学生在课余时间的利用与规划上存在着较为严重的问题。这种没有目标指引而导致的盲目生活态度,会使得自己的整个大学生活浑浑噩噩地度过。在因为没有合理规划而导致浪费时间的情况下,不仅失去了这段时间生活的价值,而且会将自己与外界、与社会隔绝,脱离社会,阻碍各项技能的提高和相关经验的积累,显而易见,是不利于将来走向社会的。因此,大学生要合理安排时间,找到奋斗目标,这样才能使自己的大学生活更加丰富多彩。

个人困惑解答　第二篇

① 曾红强.大学生课余时间利用情况的调查与思考[J].湖南师范大学教育科学学报,2007,6(6).

第三节　创造丰富多彩的课余生活

丰富多彩的课余生活是以促进大学生全面健康发展为前提,提高大学生的精神文明素质,有助于培养大学生的创新精神和实践能力,拓展交际范围和交际能力。因此,树立正确的时间观念对大学生来说十分必要。

第一,增强时间观念。部分大学生由于时间观念不强,导致课余时间的浪费或使用不当。大学生要充分认识到时间的宝贵性,养成良好的时间观念,增强时间观念,避免挥霍时间的行为。首先,在教学过程中,可以通过理论与实践相结合的方式,营造良好的使用时间氛围,使大学生树立正确的时间观念,真正认识到时间的价值,意识到时间在自己人生中发挥的巨大作用。比如,开展丰富多彩的第二课堂活动,建立大学生"业余时间、双休日、节庆和寒暑假学校",培养大学生珍惜时间的观念,激励其成才欲望,促进其健康成长[1];要让学生意识到全面发展、全面成才的重要性,从而使他们珍惜时间,有计划地安排好课余生活,自觉地运用课余时间补课堂教育之不足,拓宽知识面,培养多方面的能力,化被动教育为主动自我教育。其次,大学生本身也要充分发挥主观能动性,树立正确的时间观念。学校只能营造一个有利于大学生学习成长发展的客观环境,而最终能否奏效,能否真正被学生接受,还是取决于大学生自身。因此,大学生应当明确自己的人生目标,理性分析自己,利用充裕的课余时间来发展自我、提升自我,有意向地培养自己将来可能要从事

---

① 陈相霓.大学生课余时间与高校班级文化建设[J].华章,2012(5):14.

的职业所需要的技能和能力。

第二,合理管理时间。合理的管理、规划自己的课余时间,这就需要学校对大学生的时间管理能力进行培养和指导教育,使其掌握相应的时间管理技能。学校可以通过多种方式、多种渠道进行宣传,可以设立相关的课程,或者开设相关讲座,通过教师的讲解、指导帮助学生找到适合自己的时间管理和时间分配之法;推荐给学生有关时间管理和高效利用的书籍,通过阅读来丰富学生的时间管理知识;通过广播、宣传栏等营造珍惜时间、合理利用时间重要性的氛围,宣传相关时间管理的知识;定期组织在时间上管理利用得好的同学进行学习交流,讲述心得体会,互相感染和帮助。[①] 另外,学校也要安排辅导员或相关教师对大学生的时间利用情况进行实时监督,督促、引导他们克服惰性,积极规划利用好自己的课余时间。课余时间能否合理安排,在相同的学习大环境中,就取决于学生自身的素质。因此,除了学校方面的多渠道引导外,学生自身也必须积极主动地不断提升自身素养,这样才能保证学生真正利用好课余时间,实现自己身心健康的全面发展。

第三,高效利用时间。前面所说的树立正确的时间观念,合理管理自己的时间,归根结底是希望能够达到高效利用时间的目的。所以,时间利用是否得当,管理是否合理,最终能够通过是否高效利用体现出来。也就是说,高效利用时间,才算真正的正确时间观念、合理的时间管理之法。

"积累青春是为了更好地绽放青春"。要加强珍惜时间和管理时间的训练和实践,就要求大学生明确人生目标,改变不良习惯,合理安排时

---

① 张国进.大学生时间管理的现状与对策[J].高校高职研究考试周刊,2012,78:166-167.

间。首先,多阅读各方面书籍,掌握丰富的科学文化知识,树立正确的人生观、价值观和世界观。在阅读和思考中,找到自己人生的发展方向,确立长远的发展目标。其次,通过多方面渠道,全面了解自己,挖掘自己的潜力,了解自己的优点与不足,再结合自己的远期发展目标,对自己实现该目标制订一个比较系统、全面的计划,并坚持实施。最后,定期对自己的规划进行评价调整,检查规划的执行情况,与自己的长期目标进行对比,及时制订新的目标和规划。

大学生课余时间是充裕的,同时也是极其宝贵的。培养大学生时间管理能力,提高课余时间管理技巧,对大学生以后进入社会也是极其关键和重要的。作为祖国未来的接班人和建设者,大学生要有意识地锻炼自己,强化自控能力,培养纪律观念,增强抵抗外界诱惑的能力,形成正确的人生观、世界观、价值观,充分利用好课余时间,不断补充自身不足。只有树立了正确的时间价值观,掌握了时间管理方法,提高时间利用效率,做事才能达到事半功倍的效果,也有利于大学生提升自己管理时间。大学生可以充分利用课余时间,合理分配时间,让大学生活更加充实、多彩。

第三章 钱都去哪儿了？

——大学生的消费观

瑶瑶是今年刚考入上海某名牌大学的一名90后新生，8月中旬去学校军训时，妈妈将一个月的生活费全部给了她。但是9月份没过几天，瑶瑶就从学校打来了电话，说自己的生活费全部用完了，向爸妈要钱买学习用品。瑶瑶的妈妈何女士对女儿如此"潇洒"地花钱比较担心："以前都是父母帮她打理一切东西，她也不知道精打细算，这样下去，我们家怎么供得起这个大学生啊！"与何女士一样，今年张阿姨的儿子也刚刚上大学，没去多久就将卡里的钱花得一干二净。对于他们来说，孩子上大学看来并非只有交交学费那么简单。

随着生活水平的提高，大学生手中的生活费也越来越多，但是大多数新生并没有明确的理财观念，面对大笔的生活费往往缺乏有效的规划，很多孩子在刚进入大学时充满好奇，花起钱来总是没有节制，总觉得钱用完了打一个电话回家就可以解决。某企业负责人王先生这段时间有些担心孩子上大学后的生活问题："孩子从小就被他妈妈惯坏了，买衣服都买名牌，买鞋买包也都是名牌，还很要面子，出去吃饭就是请客，不知道这样的脾气到大学之后该怎么办。"眼看着儿子已经去大学读书快半个月了，王先生担心的不是孩子的学习，而是孩子的消费习惯问题。

曾经一度很多大学本科生手中都握着几张信用卡，这是各家银行争相抢占大学市场的结果,但是家长必须要教会孩子如何使用信用卡,信用卡使用好了可以获得很多的方便与优惠,但是使用不当会给孩子的一生留下不良的信用记录。①

　　高校持续较大规模招生,使得大学生消费群体不断壮大,成为社会消费群体的重要组成部分。由于大学生尚处于人生观、价值观以及道德观形成的敏感时期,接触社会生活的经验有限,判别是非的能力还不够成熟,极易受到周围环境的影响。大学生的消费观深刻影响着其思想道德教育和成长成才。作为在当代中国社会巨大变迁和经济高速发展环境下成长起来的大学生群体,其消费心理及消费行为具有许多鲜明的特征。② 因此,新形势下,对于大学生消费问题,探寻具有现实针对性的教育思路和对策,培养大学生积极健康的消费行为和消费理念,成为当前大学生思想政治教育的重要内容和高校德育工作的重要课题。

第一节　大学生的消费现状

　　人的消费行为客观上受到所处时期物质水平的影响,同时也与社会因素相关,在主观上则是由自身所具有的消费观支配。消费观是人们对消费的基本观点和态度,它决定着人们的消费心理和消费行为。从大量的相关调查来看,当前大学生的消费观主要有如下特点:

---

① "90后"大学生过度消费令人担忧[EB/OL].[2008 - 09 - 11]. http://news.qz828. com/system/2008 - 09 - 11/010086763. shtml.
② 林江,赵靖平.当代大学生消费问题——基于相关研究文献的视角[J].中国青年政治学院学报,2012(5):29 - 34.

一、快节奏消费

随着当前社会的发展,产品种类极其丰富,产品的更新换代时间大大缩短。大学生对新生事物的接收力和接受力都是向高水平发展,他们的消费行为考虑经济因素方面的问题有所减少,更多的是跟随产品的更新换代而调节自身的购买和更新速度。

二、发展性消费

一般消费结构是由维持生存的生存资料、满足享受的享受资料和促进自身提高的发展资料构成。① 从大学生的实际情况看,他们在消费结构中表现出用于提高自身素质和促进自我发展的消费比例正在逐步扩大,这一方面既与发展社会经济和提高人民生活水平有关,另一方面也与大学生本身的文化修养的提升有关。这说明大学生们认识到提高自我素质、掌握更多专业知识和技能,是更好地为社会做贡献和实现人生价值的重要前提。

三、个性化消费

大学生处于自身需求不断发展的时期,他们急于向社会证实自己正不断走向成熟,有自己的想法和观点。所以,在很多情况下,大学生们往往是按照自己的审美取向进行消费,着力于体现与众不同的自我,突出消费的个性化特点。

---

① 闫缨.当代大学生消费观研究述评[J].中国青年研究:社会综合版,2005(1):36.

四、时尚消费

在当今社会,时尚和新潮所代表的现代社会的消费观念和生活方式普遍传播,广告、传媒等时尚消费意识,明星代言人的时尚示范效应,以及商场各种琳琅满目的时尚商品,不断地诱导和满足着大学生"时尚和新潮"的消费观念和消费行为,从而在大学生的消费观中建立起普遍的、以不落俗套的形式来展示自我的消费行为。"社会在发展,消费是动力,追求前卫和引领社会消费潮流也是大学生对社会进步的贡献"①。

五、过度消费

大学生的过度消费行为表现在消费没有节制。随着网络的发展和通信技术的发达越来越便捷,一大波"剁手党"出现在大学生中。另外一个表现是消费超出自己经济能力的物品,存在依附于家庭的高消费现象。有的大学生甚至把消费、享用物质财富的多样化作为彰显个性和体现自我价值的方式,走入消费的误区。如脱离自己的经济能力,购置高级文具、金戒指、金项链,经常光顾高档歌舞厅等。

六、自立性消费

与国外子女被抚养到18岁父母便不再多加干涉相比,中国社会一贯是对子女的一应事务一管到底的。只要子女还未成家立业,经济消费理所当然由父母来承担。但目前来看,大学生的经济自理意识明显增强了,他们更愿意花费自己打工挣来的钱。大学生中勤工俭学现象普遍,不论男女,无关家庭经济水平,一方面通过打工赚钱锻炼自己;另一方面

---

① 侯玲等.大学生消费文化观念与思想政治教育[J].辽宁教育研究,2003(4):29.

可以减轻家庭负担,改善自己的生活。这说明当代大学生立足校园,从自身的消费需要出发,努力实现经济自立。

个人的思想品德、爱好、消费习惯等支配着大学生的消费观,大学生的消费心理和消费意识与家庭教育以及社会教育等息息相关。一些好的消费观念,比如"勤俭节约""理性消费"等,与大学生自幼父母和社会上要求和宣传"节俭"美德有很大的关系。在物质生活极其丰富、生活水平显著提高的时代背景下,有的大学生还保留这样的思想是难能可贵的,说明这一传统价值观并没有被新一代的人所抛弃和忘却。

第二节　大学生的消费误区

大学生心智尚未完全成熟,其消费观念也极易受到外界影响而产生变化,稍不留意就会陷入消费误区。总结起来,大学生容易陷入的消费误区主要有:

一、理财观念淡薄

虽然目前很多大学生都有了经济独立的意识,也在努力通过兼职和奖学金、助学金等方式获得收入,但与彻底独立不需要家庭支持还相去甚远。这里所说的理财不当,是指很多大学生并没有做好收支平衡,对自己的花费没有预算,或者在花钱时没有把握好度,月初的生活像皇帝,月末像乞丐。这种"寅吃卯粮""月光族"的现象说明,大学生存在着理财观念淡薄的问题。

二、从众心理

在一定程度上,从众心理也可以理解为攀比心理。人是群居动物,而大学生更是群体化特征明显。由于所处的环境,大学生的消费行为往往不自觉地就会向身边人看齐,采取与大多数人相一致的消费行为,多数同学在消费过程中"从众"性较强,这也就是大学生消费时的"趋同心理"。① 这种不以自身需要为出发点的消费行为往往会演变成为相互攀比、炫耀,最终导致过分追求时尚、名牌,致使消费变得盲目和无计划,导致过度消费和铺张浪费。

三、攀比心理

攀比心理也就是我们所谓的"人情消费""面子消费"。虽然这并不是大学生消费中的主流,但大学生生日消费、周末消费、老乡消费、节日消费等等五花八门的消费形式悄然成风。所谓礼尚往来,不丢面子,这在大学生尤其是男生中占有相当大的比例。校园情侣的恋爱消费、"感情投资"开销不断攀升,有的已严重超出自身和家庭经济的承受能力。这样的消费无疑使得本来纯洁的友情变得沉重无比,加了包袱的来往方式也不利于正确友情观的发展。

四、"卡奴"现象

花明天的钱,圆今天的梦,这种超前消费的思想被许多大学生所接受。一些一时之间无法一次性买得起的商品,他们会选择分期付款等方

---

① 蒲建彬. 当代大学生消费伦理问题与对策探究[J]. 山东省青年管理干部学院学报,2007(6):23.

式购买。另外,各大银行为争夺信用卡消费者,占有市场,纷纷降低信用卡申请条件,针对大学生的信用卡办理来势汹汹。不少大学生已经成为持卡一族,而且同时拥有几张信用卡的学生也为数不少。在享受刷卡消费快捷方便的同时,许多大学生忽略了自己只是纯粹消费者的事实,面对经常性透支带来的还款压力,大学生因无还款能力而违背信用承诺所引发的信用卡消费道德失信纠纷已经出现。部分学生"以卡养卡"沦为"卡奴"的恶性现象已非个案,由此引发的诚信危机已成为大学生消费伦理教育的又一重大课题。

五、失衡消费

所谓的失衡消费也就是大学生在消费行为中所表现出来的重物质轻精神,物质消费超前,精神文化消费滞后的消费。这种贪图享乐、不注重发展、智力性消费的行为,会导致大学生以物质作为自我价值的标识,从而造成其精神生活缺乏生机和动力,享受不到精神创造的愉悦。大学校园中,"书呆子"会被视为另类,钱被用在吃喝玩乐上,买高档舒适用品上,会被视为理所应当的事;而那些天天买书、看书的人,则极易被认为是性格孤冷、不易与人相处的人,追求自身素质提高的人往往不被人理解。大学生精神消费的支出往往显得十分吝啬,他们更多的是将钱用在玩游戏、网络聊天、娱乐,以及追星、购买娱乐杂志、跟随流行时尚等,表现出在消费上的不合理。对人的价值的忽视势必导致人的道德自律性的丧失和精神世界的荒芜,进而导致大学生道德社会调控作用的降低。

第三节　树立正确的消费观

一、何谓正确的消费观？

正确的消费观包括五个方面：

第一，个人消费与经济来源、收入水平相适应。大学生的主要经济来源是家庭支持，不管家庭条件如何，大学生的消费不应超出自己的基本需求。这里的基本需求是指学习、生活的基本需求。所以大学生要做到量入为出。

第二，不从众，不攀比。只进行适合自己和满足自身基本需要的消费。每个人都是不同的个体，每个人的经济承受水平也不同，从众、攀比会使得自己的消费变得盲目并且失去理智。除了虚荣心的满足并无其他益处。

第三，均衡消费。大学生在消费过程中，不仅要考虑到生活需求、物质需求，还要考虑到精神生活的发展。也就是所谓的既要填饱肚子，在不愁吃穿的前提下，更不能忽视智力性的消费，做到消费结构合理化和消费方式科学化，有利于个人的健康成长和全面发展。

第四，不侵害他人利益和社会利益。大学生的消费行为以不侵害他人利益和社会利益为前提。大学生消费伦理的底线是不侵害或不损害他人利益和社会利益。

第五，诚信消费。在消费过程中，要注意避免出现因超前消费无力还款而导致的信用记录不良等情况。大学生在同龄人中是思想道德素质相对较好、文化知识水平较高的群体，要对全社会消费观念的正确引导乃至精神文明建设与和谐社会建设起到良好的示范和促进作用。

二、倡导理性消费和节约意识

大学生消费观同大学生的世界观、人生观、价值观有着密切的联系，并对其成长成才产生重大影响。勤俭节约是中华民族千百年来的传统美德，同时也是我们今天建设节约型社会的内在要求。对于当代大学生来讲，无论条件发生怎样的变化，这个优良传统都不能丢。不管是来自城市家庭还是农村家庭，不论家庭条件的优越与否，都应该增强忧患意识，不能安于现状，在消费行为和消费观念方面应该居安思危，具有前瞻性。具体来说，使大学生树立正确的消费观可以从以下几点出发：

第一，德育中要包含消费观教育。大学生的思想道德教育中，不仅要有世界观、人生观、价值观等关乎修养、品德的教育，也要有贴近大学生实际需要的消费观教育。将这种能够实际解决大学生现实问题的内容融入教育中，既可以增加教学内容的吸引力和趣味性，又可以教会大学生有目的、有计划地规范自身的消费行为。将正确的消费观融入思想道德修养中，使作为消费者的大学生能够做到合理消费、理性消费，在社会发展需要的前提下，结合家庭实际经济状况，确定自己的消费支出承受程度，做一个聪明、理智的消费者。因此，加强当代大学生基本消费观教育，培养大学生理财意识就显得极为重要。结合大学生生活实际，多方面、多层次、多方式地进行系统的消费道德教育，使消费道德教育入眼、入耳、入脑、入心，并外化为大学生的消费行为，提高教育的实效性。[1]

第二，"勤俭节约"仍是良训。在物质产品极其丰富的今天，可能有人会认为勤俭节约已经过时，这种做法会抑制消费，不利于市场经济的

---

① 杨雪琴.大学生消费道德培养路径探析[J].黑龙江高教研究,2010(10):136-137.

繁荣发展。但是,我们所倡导的勤俭节约是指"俭而有度,合理消费"。也就是该买的买,不该买的不乱买,避免出现以物质消费的多寡来衡量自身价值高低的心态。成由俭,败于奢,这是一个深刻的历史经验。当前大学生中往往不缺少消费的冲动,却缺少消费的理性,出现一些不自量力、盲目追潮、大手大脚、无端浪费的现象。要教会大学生掌握消费有度性、消费计划性、消费自立性等原则,引导大学生不被流行所诱惑。在大学生的生活中,应当旗帜鲜明地反对那些"能赚会花"的享乐主义的生活方式,培养和树立起适度消费的观念,形成有利于身心健康的消费行为。

第三,提高大学生精神境界。物质上的满足本就应该是精神需要的基础。如果只一味追求物质享受,忽视精神世界的升华,其生活必定是庸俗而寡淡无味的。与其他动物仅具有的原始物质性相比,人的独特的存在就体现在人是具有精神性的。大学生的物质生活应当是其精神生活的基础,人类的精神性需求只有摆脱对物质性需求的羁绊才能获得满足,才能成为一种创造性的生活,走向追求生活中的真善美。在基本的物质需要满足之后,大学生应及时提升自己的精神境界,达到物质消费和精神消费的均衡统一。

第四,增强大学生自立意识。大学生被称为是"躺在汇款单上的骄子",说明家庭供给仍然是大学生消费支出的主要来源,大学生的经济依赖性比较强。参加勤工俭学活动是大学生不断自立的有效方法。学校应通过各种途径为学生提供勤工俭学机会,既可减轻家庭的沉重负担,又可以强化学生的独立意识,锻炼其自我生活的能力,为学生成长打下牢固基础;同时还应鼓励在校大学生走出学校,走入社会,参加多种课外兼职、实践活动,通过辛勤劳动去体会物质生活的来之不易,从而拒绝浪费。这同样是培养学生良好消费习惯、自立成才的有效途径。

　　当代大学生是社会中的特殊群体之一,作为具有独立消费意识和消费能力的消费主体之一,引领着当代的消费风气。同时,他们也是未来的消费主力和消费引导者,他们的消费理念、消费习惯、消费模式将直接影响到我国经济的发展和社会文化的构建。因此,大学生要树立科学、理性、文明的消费观。

第四章　你的恋爱处方是哪张？

——大学生的恋爱观

2014 年 6 月 23 日晚,犀浦某校一名计算机系大二男生从女生寝室 6 楼跳下身亡。据悉,跳楼男子武卫(化名)来自德阳,在校成绩很好,一直是班上前几名,但平时不爱说话。几日前,武卫与外校的女朋友分手了,情绪反常,喝了不少酒,当时就被同学发现并有一位同学寸步不离地守护他。6 月 22 日中午 11 时许,武卫冲上女生宿舍楼,去 6 楼找"红颜知己"许开惠(音)聊天。他趁守护的同学不备,关上门从 6 楼纵身跳下……据赶到现场的医生透露,当时武卫呼吸微弱,瞳孔已经放大,经抢救无效而死亡。大学生恋爱现象由来已久,它曾给大学生带来过好的结果,有很多青年由此结合,组建了幸福的家庭。与此同时,我们发现由此带来的消极影响也是十分明显和严重的,如武卫因为失恋而做出偏激行为的案例。① 在如今的开放的环境下,大学生在爱情观方面发生了很大的变化,出现了一些新问题。这严重影响着大学生的身心健康发展,不利于社会的和谐稳定。所以,对大学生爱情道德观出现的问题,有针对性地进行教育,已成为当前高校德育教育的当务之急。

---

① 恋爱引发大学生自杀案例分析[EB/OL].[2014 - 08 - 07].http://www.hx520.cn/news/2345.htm.

第一节　大学生爱情观的特点

目前,谈恋爱在我国大学生群体中已是非常普遍的现象。据 2012 年相关调查数据显示,曾经恋爱过和正在恋爱中的大学生占 62.6%[①]。大学生的年龄特点和生理、心理的发育水平,使得他们在生活中会面临恋爱与情感问题。爱情观作为大学生世界观发展与形成过程中的重要内容之一,是道德教育的主要内容,关注大学生的爱情观发展是关注大学生情感发展的必然内在需求。不难看出,在高校中,不少大学生的情感问题主要与爱情有关。因此,如何恰当地开展大学生恋爱辅导,帮助他们树立正确的爱情观,已成为大学生心理发展教育的重要内容之一。

从目前大学生群体的恋爱状况和现象来看,他们在面对爱情时,存在着一些独有的特点:

一、生理上的成熟与心理上的不成熟之间的矛盾

大学生已经处在生理发育成熟的年龄阶段,但是由于生活、学习环境所限,他们很少有接触社会的机会,缺少历练和社会经验,大多处于父母和老师的呵护之下,在思考问题以及理性判断上还不够成熟。婚姻关乎一个人一生幸福与否,不能有半点马虎和草率,需要很高的判断力。而大学生在处理感情问题时往往想得比较简单,将问题理想化,欠缺周全的考虑,或者容易冲动,一旦处理不好,会造成很大的伤害。

[①] 芮丽华.大学生爱情心理教育探析[J].中国校外教育:下旬,2012(10).

二、消费性恋爱

在校的大学生是一个特殊的纯消费群体,其经济来源最主要的还是依靠家庭支持,自身并没有稳定的收入,经济上并不宽裕。现在的恋爱模式不再像以前一样,散散步、谈谈心已不能满足如今青年人的恋爱需求。尤其是恋爱中的男方,受到社会舆论以及压力的影响,或是出于大男子主义,或者为了赢得女方的好感,往往大把花钱,在消费方面往往成为承担的主体,吃饭、看电影、逛街、旅游等等。这些钱从哪里来呢?除了一部分人通过兼职等获得一点收入,其余的部分最终的埋单者还是父母。父母出钱供自己上大学还说得过去,就连谈恋爱都要向父母伸手要钱肯定是不好意思,弄不好会引起各方面的矛盾,甚至苦恼。"恋爱不起"成了一些男同学的感叹。

三、恋爱与学业的关系

关于谈恋爱是否会影响学习,对此不能一概而论。恋爱的方式得当,可能会促进双方更加努力学习,增加奋斗的动力;若谈恋爱方式不当,会因此耗费过多的精力,无心学习,就会影响学业。学生的主要任务还是学习,这是毫无疑问的。所以,大学生谈恋爱时一定要把握好度,如果让"爱"占据了头脑,整天陷入所谓的爱中而不能自拔,各种有益的爱好、兴趣、特长便会被男女私情所代替,严重的甚至荒废学业,这样的恋爱态度就是不可取的。

四、毕业季即是分手季

大学生恋爱的成功率往往不高,一大部分原因是大学生毕业前一般来说都是职业未定、去向不明,一到毕业之时,双方不一定能在同一个城市,都找到合适的工作,或者虽然通过双方的努力在同一个城市都找到了合适的工作,但恋爱双方的家庭所在地相距甚远,且目前又都是独生子女,父母又是否会同意其子女离自己太远,这样的问题,往往不容易协调好,最终导致分手。

大学生在恋爱过程中不可避免、或多或少地要面对上面所说的几个问题。我们不能严令禁止大学生谈恋爱,而是要教育、指导他们树立正确的爱情观,对其恋爱行为加以引导,在他们遇到问题时及时地疏导,帮助大学生更好地把握这份人类的美好情感,享受人生中美好的情感体验。

第二节　大学生爱情观及现状

从目前的情况来看,大学生谈恋爱的现象已经越发普遍,成为大学校园生活中一道亮丽的风景线。爱情成为大学生们最为关注的话题之一,大学生恋爱已不再像20世纪七八十年代时那样不敢让别人知晓,只能"偷偷地恋爱",含蓄、害羞。爱情在大学生生活中成为重要的组成部分,拥有正确的、健康的爱情观也就显得十分必要。正确的、健康的爱情观,可以使大学生的心理、行为受到良好的影响,对生活的方方面面都大有益处;而消极的、错误的爱情观,则会在学习、生活中产生阻碍作用,损害大学生的身心健康,甚至危及生命。大学生作为高知识群体,担当着建设祖国的重任,是国家的希望、民族的未来,只有身心健康发展才能肩负振兴祖国的重任,所以,大学生拥有正确的爱情观极为重要。

大学生爱情现状之一就是恋爱的普遍化,大部分的大学生都有过恋爱经历或正在恋爱,而且他们也用行动支持了他们的这个观点:大部分人在大学期间谈过恋爱或正在谈恋爱,而且随着年级的增高,谈过恋爱者的人数在增多。[①] 大学生对爱情充满向往,积极追求,且呈现出低龄化发展趋势。另外一个表现就是恋爱过程的公开化。现在大学生谈恋爱,不再像以前一样藏着掖着,一改过去温婉、含蓄的恋爱方式,思想、行为上更加开放,情感表达方式也更加直接、大胆。除此之外,大学生的恋爱动机表现出多样化。绝大多数的大学生谈恋爱是为了获得爱情,动机是积极的,但也存在着不合理的动机。比如,生理上的需要和物质上的需要,为了排遣寂寞,或者为了攀比,满足虚荣心,等等。动机不良往往会导致恋爱过程中出现一些问题,比如恋爱关系不稳定,道德责任意识缺乏,甚至有矛盾冲突,乃至发生恶性事件。

大学生的爱情观在一定程度上受社会历史文化的影响,不同的性别表现出具有一定差异的爱情观。[②] 由于一直以来的观念要求男生要有责任感,要赚钱养家,所以目前男生的爱情观更多地偏向于奉献型,更多地愿意付出、包容。而女生则更多地考虑比较现实性的问题,更加注重自我的发展及以后的生活的实际问题。总体来说,大部分大学生的爱情观是积极向上的。大学生对爱情本质的认识主要有以下几点:

一、爱情是一种高尚的情感

有人认为爱情是一种不容亵渎的高尚的社会情感,例如有人说:"爱情是世界上最伟大、最诚挚的一种社会性情感。""爱情是无条件奉献和

---

① 郑莉君,孙建云.杭州市部分高校大学生婚恋观的调查研究[J].杭州师范学院学报,2007(6):54-56.

② 唐利平,黄希庭.择偶观的进化论取向述评[J].西南师范大学学报:人文社会科学版,2005,31(3):43-49.

永远的忠诚。"①这些认知都表明,有的大学生已经认识到爱情是一种高层次的精神追求,是人与人之间一种极为高尚的情感,是大学生思想意识中积极向上的表现。

二、爱情需要相互理解、相互信任

有人说:"爱情是男女双方相互理解、相互尊重、相互深爱的一种崇高的情感。""爱情是建立在相互了解基础上的一种情感和爱的交流。"②这种对爱情的理解表明,大学生恋爱过程中更加注重双方的了解和理解,双方的感情建立在信任的基础上,这对将来感情的维系以及婚姻生活的稳定持久都是大有裨益的。

三、爱情是物质基础上的情感

有人说:"爱情是建立在一定物质基础上的一种相互吸引的情感。""相爱有经济基础,志同道合才叫爱情。""爱情就是一定物质基础上的两情相悦和一见钟情。"还有人说:"爱情就是一对男女建立在金钱关系上的男女之间的事。"③这说明,大学生在爱情方面,已不再单单只注重浪漫的情感,开始考虑现实的问题。适当考虑物质基础的爱情可能成功率会更高,生活会更稳定,这在一定程度上反映了大学生爱情观进一步变得成熟。有面包的爱情可能更容易维持,但是,如果过分现实、过分看重金钱关系也是不正确的。

---

① 王素珍.大学生爱情心理调查与思考[J].连云港师范高等专科学校学报,2004(1).
② 王素珍.大学生爱情心理调查与思考[J].连云港师范高等专科学校学报,2004(1).
③ 王素珍.大学生爱情心理调查与思考[J].连云港师范高等专科学校学报,2004(1).

四、爱情是不确切的情感

有人说:"爱情是一纵即灭的火花。""爱情是一种不知名的花,不知能结怎样的果。""爱情是一场相互欺骗的游戏,爱情的语言是真实的谎言。""爱情是水中望月、雾里看花、空中楼阁、海市蜃楼。""爱情是世界上最美丽的,却又是最缥缈的东西;最可爱,却也最不可靠。"[1]这种爱情观表现出对爱情的不信任感和缺乏安全感,将爱情视为虚无缥缈、缺乏可靠性的情感,对情感的发展是极为不利的。

五、爱情中五味杂陈

有人说:"爱情是一种能够让你忘了痛苦、忘了烦恼的调味剂,爱情也是一口苦药。""爱情像调味剂,酸、甜、苦、辣,样样都有。""爱情给人的感觉是麻辣烫,掺杂人间好多滋味。""爱情像苦瓜,吃着很苦,慢慢品尝却又很甜。"[2]这种爱情观认为爱情包含了酸甜苦辣咸,尝得了爱情的甜,也要做好吃"苦"的准备,经得起甜,也受得住苦。这说明大学生对恋爱状态会有清醒的认识,会有更好的心理承受能力,这些情感体验对大学生爱情心理的健康发展是必要的。

大学生渴望爱情,这是人类社会之美的所在,也是人类社会历史延续的根本前提:没有爱情,就没有婚姻;没有婚姻,就没有人类的繁衍;没有人类的繁衍,就没有人类社会历史的延续。一些大学生的爱情观和婚姻观还不能达到完全统一,因此在实际恋爱行为中,大学生对爱情的理解,往往不可避免地存在一些偏差。

---

① 王素珍.大学生爱情心理调查与思考[J].连云港师范高等专科学校学报,2004(1).
② 王素珍.大学生爱情心理调查与思考[J].连云港师范高等专科学校学报,2004(1).

一、注重外在多于内在

有的大学生在择偶标准上，往往更注重一个人的外在长相，比如女生多对英俊潇洒、身体健壮、有幽默感的男生感兴趣；而男生更多青睐容貌漂亮、身材苗条的女孩，很少考虑内在气质。爱美之心人皆有之，无可厚非，但如果不从爱情的本质去理解和对待两性关系的话，往往会为以后的婚姻生活埋下隐患。

二、不以结婚为目的的恋爱

现在不少大学生认为恋爱和结婚是两码事，谈恋爱不一定非得结婚。有的大学生在谈恋爱时玩世不恭、不负责任，把爱情当儿戏，"不为天长地久，只求曾经拥有"已成为一些人的口头禅，甚至有人把谈恋爱看作是人生"一段精彩的回忆，一笔不可多得的财富"。[①] 有的谈恋爱纯粹是为排遣寂寞，填补大学四年的情感空白。

三、功利型恋爱

有的大学生在谈恋爱时把对方家庭的经济状况放在首位，如对方经济条件好，其他条件可以放宽，以便婚后不用自己去奋斗就有现成的安乐窝。还有的大学生谈恋爱是为了寻找关系、靠山，为将来留在大城市或为自己的仕途打通道路，即使自己并不爱对方，没有感情，也只想以此为跳板，来达到自己的目的。

---

① 尹杰，谢静，邹枝玲.恋爱中大学生浪漫程度的性别差异[J].西南农业大学学报：社会科学版，2013，11(2)：111-117.

四、步入"禁区"

与以往的保守恋爱观念不同,现在的大学生恋爱行为更加开放大胆,不仅仅满足于精神上的交流,由过去很少的肉体接触及亲昵行为,发展到现在可以不分时间、不分场合地发生亲昵行为,即使步入"禁区"也不是什么大事。这主要是受西方性解放、性自由等思想的影响,再加上我国长期的性教育的缺乏,大学生思想单纯,青春萌动,好奇心强,盲目性效仿。大学生未婚同居现象增多。

第三节　共塑美好爱情观

一直以来,家庭、婚姻、感情等都被视为个人的私事,外人不便干涉,这使得大学教育中对大学生的爱情观教育存在不足,就是说在教育工作中,乐于理论教育,往往泛泛而谈,而羞于有针对性的具体教育和管理,更是耻于性方面的教育和管理。这容易造成大学生的个人心理发展关注度不够,心理困惑郁积,容易带来情绪上的波动、不稳定,从而影响大学生的学业和身心发展,不利于学校的和谐稳定,甚至会危及他人生命安全。所以我们要积极对大学生的爱情观进行教育引导,使大学生能够不断地完善自我、发展自我,拥有美好的情感,进而成为符合经济社会发展需要的高素质人才。学校应该重视学生的心理健康教育,帮助学生完善健全人格,加强爱情观和性知识教育,营造积极向上的校园文化。根据大学生的生理和心理特点举办一些学生喜欢的知识讲座和活动,在有条件的情况下开展情感咨询热线等,为大学生做好服务。

一、爱情道德观教育

根据大学生爱情道德观淡薄的现状,高校应该重点从以下几个方面进行教育引导:一是择偶观教育。正确的择偶观强调要以志同道合、平等互爱为基础。教育引导学生破除门第观念、功利择偶观念、金钱至上思想等,在择偶时首要的是关注人品,在平等的爱情基础上,双方彼此了解、相互选择。二是爱情表达方式教育。作为高素质人才,大学生在表达爱情时要以尊重、文明、高雅为前提,避免粗俗野蛮、恣意放纵的方式。爱情是一种无私的、美好的情感,这种情感表现为愿为对方做出牺牲。在恋爱过程中,也要本着自愿的原则,不将自己的意志强加于别人。三是恋爱品德教育。恋爱中的品德主要包括了责任感、自尊、自重、自爱等。恋爱是两个人的事,不是一个人的私事,关乎未来两个家庭的幸福,同时恋爱兼具社会责任。所以,在恋爱过程中,男女双方都要增强爱情道德责任感,尤其是在恋爱中处于主动地位的男方更要主动克制自己,切忌冲动,不要发生越轨行为。女性要自尊、自重、自爱、自制,在热恋中要充分理智,保持清醒的头脑,守好自己的最后防线,当男方提出过分要求时,要敢于说:"爱我,就请尊重我。"

二、恋爱相关知识教育

大学生虽然到了生理、心理都需要恋爱的年纪,但是他们关于恋爱的相关知识匮乏,容易导致许多问题,这就需要及时对其进行相关知识的教育。

一是爱情心理学知识。爱情作为一种必不可少而又特殊的情感,是每个人人生中的必修课,同样需要加以学习和培养。而大学生正处在人生中发展的关键时期,了解爱情、学习如何爱,对其今后的情感生活大有裨益。所以,在高校中普及爱情心理学知识,比如让大学生深层次地理解爱的内涵,学习如何爱,了解恋爱的心理、爱与性的关系、爱情与婚姻等内容,就显得极为重要和必要。

二是性知识教育。在中国传统文化中,"性"一直是一个敏感的字眼。长期以来,"性"的禁锢和封闭以及性教育的落后,使得"性"在大学生眼中带有极大的神秘感,大学生生理早熟和心理滞后,导致其对爱的掌控能力较低,恋爱成功率低,甚至发生恋爱悲剧。所以,需要对大学生进行性知识教育。性作为人的一种本能,是人类的一种正常的生理需要,同时在一定程度上,是爱的升华和表达。[①] 学校应开设相关的课程,使大学生能够正确认识和全面了解性知识,这样才能更好地促进大学生的成长和发展。

三是恋爱行为教育。大学生谈恋爱本身是合情合理的,之所以引发很多问题,是因为对恋爱的方式和行为的选择和处理不正确。在高校教育中不应该回避甚至一味否定谈恋爱,而是应该倡导积极、健康的恋爱方式和行为,使爱情真正成为一道美丽的校园风景。

三、家庭和社会形成教育合力

家庭、社会在大学生爱情观和恋爱行为中潜移默化地扮演着榜样的角色,家庭生活、社会环境在一定程度上影响和塑造着大学生的爱情观。首先,家庭成员之间的情感交流程度、方式及家庭的完整度等等,都会对大学生的婚恋观产生最初期、最直接、最深刻的影响。所以,家庭成员特别是父母在大学生面前要树立好的榜样,言传身教,并多与大学生沟通

① 芮丽华.大学生爱情心理教育探析[J].中国校外教育:下旬,2012(10):68.

交流,及时了解其感情现状,为其答疑解惑,帮助大学生形成正确的爱情观,享受美好的爱情生活。其次,开展广泛的社会教育,形成一个好的社会氛围也有着深远的意义。在社会层面应形成正确的舆论导向,起到保障作用,社会舆论和大众传媒应营造良好的社会氛围,用健康、高雅的精神产品丰富人们的精神生活,帮助大学生树立正确的婚恋观。

四、在恋爱中成长

加强大学生爱情心理健康与挫折教育应该从大学生自身入手,使大学生对正确的恋爱价值观具有一定的认知。"自我教育是指受教育者根据思想政治教育的目标和要求,在自我意识的基础上,通过自我认识、自我体验、自我控制产生积极进取之心,主动接受先进思想和正确行为,形成良好的思想品德和行为的方法。"[1]大学生要主动、积极学习相关的知识,摒弃不正确的爱情观念和恋爱方式、行为,重新认识自己,形成正确的恋爱价值观。大学生在恋爱中,只有学会了爱,真正懂得爱情,才可能树立正确的恋爱观,处理好恋爱问题,排除在成长中的困扰,把握好恋爱与学业、恋爱与集体、恋爱与道德的关系。互敬互助,真诚相待,纯洁专一,行为含蓄、文明,自尊、自重、自爱。[2] 大学生要在恋爱中成长,懂得恋爱就意味着责任和担当。同时,要向恋爱学习,总结和反思失败的恋爱,将此看作自己人生中的一段记忆和宝贵的财富,向不能最终牵手的"爱人"道一声:谢谢! 因为,正是这段经历为你提供了从中审视自身存在的不足和毛病的机会,不能跌入"不成爱人就成仇人"的死胡同,而要恪守"爱情不在友情在"。

---

① 黄希庭.当代中国大学生心理特点与教育[M].上海:上海教育出版社,1999.
② 张桂生.大学生成长探索[M].北京:中央编译出版社,2011:115 - 116.

第三篇 和谐的大学生活

　　大学是通往人生梦想的阶梯，充满着美好的希望和灿烂的光芒。每个学生都是经历过寒窗苦读才最终进入梦寐以求的大学校园的，大学生本应该好好地把握四年的光阴，争取优质高效地完成大学阶段的课程学习，去谱写华丽的人生篇章。然而，无论是重点高校还是普通院校，大学生逃课现象都很严重，这甚至成了各大院校教学管理中无法有效根治的"顽疾"。面对如此普遍的大学生逃课现象，只有深入分析学生逃课的成因，才能找到解决这一问题的有效方法和对策，从而更好地促进高校课堂教学任务的实施，避免或减少大学生逃课现象的发生。

第一章　逃之夭夭为哪般？

——大学生逃课现象及对策

　　大学是通往人生梦想的阶梯，充满着美好的希望和灿烂的光芒。每个学生都是经历过寒窗苦读才最终进入梦寐以求的大学校园的，大学生本应该好好地把握四年的光阴，争取优质高效地完成大学阶段的课程学习，去谱写华丽的人生篇章。然而，无论是重点高校还是普通院校，大学生逃课现象都很严重，这甚至成了各大院校教学管理中无法有效根治的"顽疾"。面对如此普遍的大学生逃课现象，只有深入分析学生逃课的成因，才能找到解决这一问题的有效方法和对策，从而更好地促进高校课堂教学任务的实施，避免或减少大学生逃课现象的发生。

第一节　大学生逃课现象

　　一般来说，逃课可以分为显性逃课和隐形逃课两种表现形式。显性逃课就是通常意义上对逃课的理解，即指学生直接不去上课，"在未请假情况下，没有按照既定的时间和地点去上课的旷课行为"[①]。而所谓的隐形逃课是指学生虽然来上课了，但是"形在而神不在"，"教师在上课

　　[①]　黄萍.高校学生逃课现象剖析及解决对策[J].华南热带农业大学学报,2000(3):59.

时,学生做其他作业或想其他事情,思维根本没有在课堂上"①。概而言之,逃课是指"学生在未经请假情况下的一种旷课行为,也可以泛指学生身在课堂却做着与上课无关的事情的'思想'旷课行为"②。

现在大学校园里正弥漫着这样一股逃课的风气,而绝大部分学生都有过逃课的经历。据不完全统计,从未逃过课的大学生几乎为零,有关调查研究也显示:我国高校学生"基础课逃课率在25%以上,专业课逃课率在20%以下,哲学、政治经济学、中国革命史等公共课学生到课率50%"③。更有甚者,出现了经常不去上课的"逃课一族",因此,像"新大学三门必修课:谈恋爱、逃课、重修""没有逃过课的学生不是好学生""大学生不逃课是件奇怪的事"等话语广为流传,似乎逃课真成了一种"潮流",不逃课反而显得不正常了。由此可见,大学生逃课现象已经成为高等教育中一个不容忽视的严重问题。

但是,"高校的中心工作是教学,课堂传授是开展教学活动的最基本、最平常,也是最主要的方式之一。教师通过课堂讲课'传道、授业、解惑',学生通过课堂听课'得道、获业、明智'"④。因此,逃课现象的普遍存在不仅不利于大学生的个人成长,也使学校的教学与管理工作无法有效地开展。面对如此普遍的大学生逃课现象及其负面影响,剖析大学生逃课的原因就显得非常有必要了。

---

① 周琦.目标与手段的背离——大学生"隐形逃课"的社会学分析[J].当代青年研究,2001(3):16-17.

② 郑淑红.大学生逃课现象与高校课程建设问题研究[J].吉林工程技术师范学院学报,2008(7):13.

③ 马天杰.由逃课现象透视大学生的学习动机[J].河北工程大学学报,2007(5):113.

④ 张庆锋.大学生逃课现象原因探析及对策[J].中国电力教育,2010(1):206.

第二节　大学生逃课现象出现的原因

面对"逃课一族",很多人会不假思索地把批评的话语对准大学生,认为这是大学生自由散漫、放任自流、不求上进的真实写照,但是看问题不能简单地求全责备。虽然逃课是大学生的主观意志所决定的行为取向,但其产生的原因是多方面的,不仅要看到学生自身存在的问题,还要反思我们的高等教育是否出现了一系列的问题,比如高校课程设置是否合理、教学管理是否到位、教师授课是否有待改进等,同时,还要认识到社会环境的变迁对大学生的思想和行为也带来了一些负面的影响。

一、大学生自身的原因

1. 专业兴趣感不浓

在中学阶段,每个学生在学习内容方面大体上是相同的,但是进入大学后,大学生则是按照不同院系、不同专业的培养方案来展开学习和生活的,因此所学的内容就会有很大差别。而很多学生在选报专业的时候往往缺乏充分的了解,受老师、同学及家长的影响较大,盲目选择了某一专业。然而一旦真正进入大学专业的学习,经过短暂的兴奋期之后,他们才发现预期与现实的差别,于是就会对自己所学的专业产生排斥感,进而导致旷课,或者逃课去学自己喜欢的专业。

2. 学习目标不明确,生活自由散漫

大学阶段可自由支配的课余时间变得更多,生活也变得更丰富多彩了,而一些大学生进入新环境之后却变得无所适从。在缺少父母的管束和老师的监督的情况下,他们不知道为什么学、学什么及怎么学了,学习

目标不明确。一时间,他们的时间管理和学习管理等能力难以适应大学生活。有些大学生在彻底摆脱了高考压力之后,很容易滋生"松懈心理和歇脚心理,认为苦了这么多年,应该好好补偿一下"①,于是他们变得自由散漫,放任自流,疏于学业,肆意玩乐,即便是专业课也不去上,更不用说其他课程了。

3.心理和情感的困惑

有些大学生存在社交恐惧,担心在交往中别人会发现自己的某些缺点,于是产生自我封闭的心理,不愿意和他人相处。他们宁愿蜷缩在宿舍里或者沉溺在网络游戏中,也不愿意去上课。而情感的受挫也是诱发大学生逃课的重要因素。恋爱失败的打击往往会导致大学生心理发生变异,他们没能及时地调整好心态,走出个人情感的困惑,因此变得消极悲观,浑浑噩噩,对生活、学习乃至人生意义都失去了信心,甚至因此走向极端,以致酿成悲剧。

4.逃课不逃学

很多学生认为有些课程学了以后没有什么用,纯粹是浪费教育资源和自己的时间,与其去上课,还不如按照自己的计划和目标,"放弃对自己发展影响不大的课程,集中精力攻读利于自己成长的课程,这类学生逃课可能是为了考研、考 GRE、考各种技能证等"②。还有一部分学生认为"一个讲台和一块黑板"并不是全部的课堂,他们通过自学就已经掌握了课程知识,而为了增长多方面的知识和培养各种各样的技能及能力,才选择逃课来为自己争取更多的时间,节省更多的精力。此类逃课有其合理成分,可以称之为"理性逃课"。相对应地,学生因为自身懒惰和享

① 王登峰,张伯源.大学生心理卫生与咨询[M].北京:北京大学出版社,1992:103.
② 胡蕾.大学生逃课现象的调查与分析[J].新课程,2010(10):96.

乐所引发的逃课现象,则称为"惰性逃课"。

二、高校课程体系设置不合理

相关调查显示,大学生逃课与高校课程设置不合理有一定的关系。不可否认,各高校大力加强人才培养方案研究,并试图科学设置,不断完善高校课程设置体系,尤其是主动适应市场经济和改革开放的要求,使人才培养能够更好地服务于经济社会发展。但课程的调整和人才培养方案的设计和优化需要比较长的周期才能完成和见效。就目前而言,高校课程体系设置在一定程度上仍然不尽合理:关于课程设置的相关理论研究不足;高等教材内容陈旧,更新缓慢,没有及时补充学科发展的最新成果;必修课过多,选修课偏少,且很多选修课实为必修课,学生的自主选择范围很有限;重视专业知识,轻视通识教育;理论课程设置比例过大,缺乏实践课程的有效开展,不利于应用型人才的培养;看重学分和各种资格证考试,忽视个性和能力的培育;仍然存在填鸭式教育,没有很好地引导学生形成自学以及终生学习的理念;课程重复设置,课程结构、课时安排及课程安排不科学,不利于学生形成合理的知识和能力结构。这凸显了我国高等教育长期受"应试教育"的影响,以分数衡量学生水平的弊端。以学历来论英雄,也造成了大学生对有些课程的不满和反叛,因此逃课就成了表达不满的一种方式。

三、严进宽出的高等教育体制

改革开放以来,我国高等教育取得了长足发展,无论是教育规模还是教育质量,对全世界高等教育发展都做出了巨大贡献。但有一点没有进行根本性变革,即严进宽出的高等教育体制。无论是1977年恢复高等教育初期"万人过独木桥"式的精英教育,还是 21 世纪后的高等教育大众化教育,严进宽出的高等教育体制一直在延续。学分选修和弹性学年制的改革,对强化高校管理和提升教育质量起到了一定作用,在学生当中也产生了一定的威慑作用。补考、学业警告、肆业和退学等已成为高校新的教育现象。虽然 100% 毕业拿到大学学历和本科学位已不再可能,但能够拿到大学双证文凭的毕竟达 95% 以上。这一教育体制在客观上为大学生逃课找到了借口:学与不学、学好与学差都能毕业拿文凭。

四、教师授课存在的问题

1. 教师教学水平不高

"大部分逃课的学生也不是什么课都逃。高水平的教师上课,大学生往往能给足面子,学生也认为听那样的课是一种享受,甚至能改变他们对某门课程的偏见,激发学习兴趣和热情。"[①]相反,教学水平不高的老师,往往照本宣科,毫无新意,再加上逻辑混乱,表达欠佳,学生听起来也是索然无味,因此很难激发学习的积极性,即使去上课也是睡觉或者开小差,还不如一"逃"了之。

2. 课程考试方法不合理

很多大学里的课程考试,往往是由上一年度的试题、平时的课堂笔记及期末时老师所划的重点为主要内容,没怎么上过课的同学只要在考试前做好充分的准备,"临时抱佛脚",收集好这三方面的资料,采取突击式的死记硬背,即使不拿平时分也能过关,甚至有时候比认真听课和做笔记的同学考的分数还要高。"以几天时间的突击复习换取一个学期的

---

① 吕丽莉,周凤秋.大学生逃课现象之我见[J].高校辅导员学刊,2009(3):32.

轻松自在"①,这对于很多大学生来说是充满诱惑的。由此可见,这种不合理的、形式化的考试方法是造成大学生逃课的一个重要因素;同时,"这对于坚持认真上课的同学无疑是一个冲击,由此造成的心理失衡也会促使一些学生加入逃课行列"②。

3.教师疏于课堂管理

高校教师中,放任型的"老好人"不在少数。他们不屑于课堂管理工作,认为大学不应再进行课堂管理了,对学生的出勤和课堂纪律要求不严,有的老师上课从来不点名或极少考勤,而对于大学生的迟到、早退、扰乱课程纪律甚至无故旷课也采取不闻不问的态度,这种放任自流式的课堂管理模式也在一定程度上滋生和助长了大学生逃课现象。此外,有的高校实行了学生评教制度,并将学生评教情况作为评价教师教学基本情况的重要标准,为此,有的教师不敢进行课堂管理,不敢得罪学生,生怕学生给予不好的评价。

五、社会环境的负面影响

大学生虽然身处校园,但是一只脚已经踏入了社会,社会环境对大学生的思想和行为产生着潜移默化的影响。当前我国处于社会大变革时期,人们的思想观念也呈现出多样化的趋势,与大学生息息相关的教育观念、人才观念、职业观念及就业观念也发生了深刻的改变,社会上对陈旧的传统教育模式进行越来越激烈的批评,甚至有很多错误、偏激的说辞,像"读书无用论""知识不再改变命运"等等。有些大学生在社会

① 韩雪荣.地方高校大学生逃课现象的调查研究[J].邢台学院学报,2010(2):71.
② 马雅菊.基于学生视角的大学生逃课现象调查分析[J].渭南师范学院学报,2012(8):117.

舆论压力面前,无法摆正心态和形成正确的认知,因此对大学阶段的学习和生活也采取了片面化的理解,过度夸大了高等教育的弊端,甚至完全否定了大学教育的意义,再加上享乐主义盛行,有些学生抵挡不了诱惑,逐渐变得心浮气躁、不思进取,慢慢淡化了理想、信念,在生活上追求享乐,逃课也就自然成了家常便饭。

第三节　大学生逃课现象的对策

大学生逃课的原因众多,以上只是分析了一些比较典型的逃课原因。总的来说,大学生逃课是由学生、老师、校园及社会等因素共同作用的结果,因此,要解决大学生逃课问题也需要运用综合手段,多管齐下,多方协调和努力。各个学校根据其自身特点可以制定相应的解决对策,一般来说,可以采取以下几个方面的手段。

一、增强大学生自身的觉悟

第一,大学生要增强自身的觉悟,端正自己的认识,充分地认识到大学阶段课堂及课程学习的重要意义,加深对逃课危害性的理性认知;第二,要增强自我管理的意识,养成自主学习的习惯,克服意志的松懈,摆脱社会环境的负面影响,走出享乐主义的误区;第三,大学生应该树立远大的理想,珍惜大学时光,明确学习的目标,结合自身实际和专业特长,做好个人职业生涯规划,精益求精,不断进取;第四,针对个别大学生心理和情感的困惑,要及时进行疏导,帮助其培养自我心理调节能力,树立正确的世界观、人生观和价值观,勇于走出困境,追求美好的生活;第五,要在个人追求和学校培养方案之间做好取舍,理性逃课有其合理的一面,但要防止这种理性逃课由于没有相应的制约而滑向惰性逃课,再加上有些学生自制力非常差,表面上看似打着理性的旗号,实则从此养成了种种恶习。

二、优化高校课程体系设置

高校应该加强课程设置的理论研究,不同类型的高校应根据自身发展的定位,围绕着应用型和创新、创业型人才的培养目标,及时调整现行的教学计划中不合理的课程设置;取消落后于时代及不符合全球化发展要求的课程,及时更新学科发展的最新成果,并整合现有的课程资源,打造一批优质和精品课程;应鼓励教师多开选修课,合理扩大选修课的范围和数量;在加强通识性教育的基础上,加大应用性和实践性课程在总课程中的占比;有效调整课程结构,压缩课时数,合理规划课程安排,以利于学生形成完善的知识结构和能力结构,实现当代大学生德、智、体、美、劳等综合素质的全面发展;根据国家经济社会发展的实际,结合国际发展潮流,适当超前设置课程,使学生及时把握新观点和新动向。充分把握"互联网+"教育发展趋势和规律,整合和利用网络资源共享。在教学方法改革方面,着力突出教师主导、学生主体地位,把教师和学生双方的积极性都发挥好,共同营造生动、活泼、有趣、有效的教育教学环境。

三、完善高校的教学管理

"作为教学活动的管理者和监督者,学校方面有责任不断地提高教学管理水平。"[1]第一,学校应该严格学生考勤制度,增强纪律性,有效地

---

[1] 乔颖,李涛,田杨.大学生逃课现象原因与对策探析[J].中国高教研究,2006(3):80.

管理和监督大学生逃课问题;第二,高校应改变计划式的学分制度,采用弹性化的人才培养模式,让学生可以根据自己的进度和兴趣爱好,自由地选择课程,只要学生修满学分,就应当允许其提前毕业;第三,推进考试内容和方法的改革,要在试题设计上下功夫,既要考查学生对理论知识的掌握程度,更应注重考查学生运用理论知识分析问题和解决问题的能力,在评分时,应增加平时分的比重,即把过程性评价(到课率)和总结性评价(卷面成绩)结合起来,同时还要加强考试的公平性,严惩考试作弊行为,为认真上课的学生营造良好的学习氛围,引导经常逃课的学生回到课堂学习中来。要严格执行一系列大学生管理规章制度,既要把好高校入口关,又要把好高校出口关,并逐步做到严进严出、宽进严出。

四、加强高素质教师队伍建设

高校课堂教学是基础,是搞好第二课堂和社会实践环节教学的前提保证。高素质的教师队伍是提高课堂教学质量、增强教师课堂魅力的保障,也是提升课程吸引力、减少学生逃课现象的有效途径。因此,教师应提升自身素质,注重科研和教学的互动,把良好的学术氛围和最新的科研成果引入课堂之中,理论联系实际,培养学生的创新精神和实践能力,并处处彰显人格魅力和名师风范,把教书和育人结合起来,以渊博的学识、良好的品行及风趣幽默的语言吸引学生。同时,教师还应改变教学模式和教学方法,在课堂教学中,通过启发式、讨论式的教学方法增强与学生的互动交流,使课堂真正地活起来、动起来。

五、大力培育优良的学风

学风是校风的基础,对教风起着促进作用。优良的学风作为校园文化的灵魂,是一种无形的精神力量,可以感染人、启迪人,激发大学生奋发向上,形成勤奋刻苦、你追我赶、积极进取的学习氛围。它也是提高教学质量的重要条件,有利于减少大学生逃课现象。首先,大力弘扬和培育优良的学风要从学生思想工作抓起,通过开展多种形式的主题教育活动,使每位同学都树立起远大的理想、信念,明确学习目标,端正学习态度,不断增强大学生自我管理和自我成才的意识;其次,学风建设要深入班级和寝室,使学生在校园的每一个角落中都能深切地感受到优良学风所带来的正能量;最后,以教风建设促学风建设,教师的行为、态度会对学生的人格成长产生重要的作用,因此,教师以身作则,展现良好的治学精神、治学态度及治学方法,形成浓厚的学术氛围,将会潜移默化地影响大学生的行为取向。

　　总之,大学生逃课现象已成为高校教育教学管理中一个日益严重的问题,不容忽视。大学生逃课是大学生自身、高校课程设置、教学管理、教师授课及社会环境等因素综合作用的结果,因此,要想解决大学生逃课这一问题,需要大学生个人、教师、学校及社会多方面的共同努力。

第二章　敢问路在何方?

——大学生职业生涯规划

大学生虽然依然是学生身份,大学阶段却已经和高中时期以升学为目的而进行求学的人生阶段有重大的差别。较为明显的差别在于,大学生需要对自己毕业后的未来有一个清晰而明了的构想,即职业规划。良好的职业规划要求建立在对自己和社会的切实把握和准确了解的基础上,要求建立在对不同前途方向和达到目标的途径、手段的科学认知上。有了科学有效的职业规划,如同海上航行的船看见了岸边的灯塔,之后人生的每一步都因为有的放矢而变得格外从容、高效。

第一节　什么是职业规划?

随着高等教育管理体制改革的深化和毕业生就业方式的转变,大学生面临着越来越激烈的就业竞争。[①] 在这种情况下,大学生的职业规划问题就越来越受到学校、教师、学生的关注。所谓职业规划,指的是基于对自身优劣之处及社会发展趋势的科学认知,而对毕业后的职业进行计划。对于当代大学生而言,主要的职业规划方向有四大类,即从政、创

---

① 隆意.大学生职业生涯规划存在的问题及对策[J].社会心理科学,2005(5):217 - 219.

业、从学、择业。

一、从政

所谓从政,指的是在党、政、军事业单位及机关工作。这些单位往往从国家财政中得到拨款,而其工作人员也属于国家编制内人员,有较好的工作保障和福利社保制度。在"公务员热"持久不退的当今社会,从政的优势显而易见。稳定的收入、体面的社会地位,都对当下年轻人有着非常大的吸引力。所谓"学而优则仕",是中国千百年来的社会传统和备受尊崇的准则。但是,另一方面,党政机关、事业单位较为固定的工作方式、更为严格的等级要求、较为缓慢的升迁过程,使得喜欢自由,并且过惯了校园里散漫日子的学生一时间往往难以适应。一般说来,适合从政的人需要较为敏锐的政治意识、沉稳坚毅的品格、较高的情商和严谨的办事风格。若立志以此为日后的发展方向,就要在学校里多学习有关政治、管理、哲学等方面的知识。另外,还要抓住一切机会,锻炼、培养自己的领导能力、办事能力、团队合作能力等。

二、创业

创业,指的是学生毕业后基于对社会需求和市场空缺点的把握,自己创业,自负盈亏。在改革开放、社会主义市场经济蓬勃发展的今天,不乏创业成功的例子。创业机遇与挑战并存,创业者自己为自己工作,自由且工作动机更足。尤其当前国家对大学生创业十分地支持,出台了许多利好政策,鼓励"大众创业,万众创新"。但是,创业从商的风险也显而易见,特别是那些没有合理规划,对从商抱有不切实际的幻想,仅凭一腔热情便盲目投入的学生,往往会遭遇挫折,在市场中被淘汰。创业的学生一般性格活泼，乐于交际，并且头脑灵活，对市场供需和新兴经济增长点有更快的感知。对创业感兴趣的同学，平时就要多关注国家经济方面的大政方针，寻找市场热点，培养自己在与人相处和经营策划营销方面的能力。

三、从学

所谓从学，指的是从事科研工作，可以在高校中就职，也可以在一些科研院所当中就职。对于在校10多年的学生来说，校园生活是他们最为熟悉的。从学这条路，也就因此给予面对毕业的学生更多的安全感。另外，走科学研究这条路，工作体面且有一定的自我时间可控性，对一些喜欢学习、热衷探索的学生有极大的吸引力。然而，学界较为清贫，且一个科学成果的发现，需要研究人员耐得住寂寞，坐得住冷板凳，也需要付出大量的时间、精力。有志于从学的学生，在校时不仅应当广学博览，还要对自己所钻研的领域有纵深的了解和学习，要掌握一定的科研能力和科研方法，有意识地培养自己做学术的能力与思维方式。

四、择业

择业指的是就职于某一公司或机构，成为公司或机构中的一员。数据显示，毕业后经过择业成为企业一员的学生人数占大学生毕业后就业人数的大多数。企业中的升迁、福利是由个人能力决定的，可以使学生的能力和潜力得到很大的发挥。但另一方面，能够在企业中如鱼得水，也需要很强的能力做支撑，特别是过人的抗压能力。有志于毕业后就职于企业的学生，可以多关注与自己专业相关或是自己感兴趣的企业的背景与当前发展情况。另外，在课余时，也要适度地多与社会接触，争取到企业实习、学习的机会。同时,也要多培养自己的团队合作、人际交往、高效工作等方面的从业能力。就业具有暂时性、过渡性,而择业一般是经过深思熟虑、慎重选择的结果,更具稳定性。

第二节　为什么要有清晰的职业规划?

一、个人发展的需要

一个人的一生绝大部分时间是在职业生涯中度过的,职业与人生构成了一个人作为社会人的不可分割的整体,二者互相影响。从这个角度上说,职业生涯规划并不仅仅是为一个适合自己的工作做准备,而且还是站在自我实现、人生不朽的高度上来探索职业、规划职业的。[①] 然而,大学生由于长期处于校园中,往往容易与社会脱节,严重欠缺职业生涯中必备的职业素养。在萨珀的职业生涯发展理论当中,大学生所处的阶段是职业探索的重要时期,包含过渡期(18—22 岁)和试验承诺期(22—24 岁)两个重要阶段。在大学阶段,大学生群体会逐步产生对于未来职业生涯的规划和预期,能力提升,职业兴趣趋于稳定。不仅如此,当完成了高校教育后,大学生就开始切实面临就业问题,正式开始其职业生涯。对于广大大学生来说,在 22—24 岁的试验承诺期内完成对自己的未来职业生涯的相关决策和规划就格外重要。因此,在大学期间形成对自己职业生涯的初步规划,并逐步完成它,是每一个在校大学生的切实需要,有着十分深远的影响和重大的意义。另外,有效、科学的关于职业生涯的锻炼,将会对学生的能力、素质起到显著的提升作用。一方面,未来的

---

① 高桂娟. 对大学生职业生涯规划的分析与思考[J]. 中国高等教育,2007(7):47 – 48.

职业规划可以使大学生的在校学习变得有目标,对时间、精力、资源的安排有轻重缓急的划分,从而提高自身学习、工作的效率,避免做"无用功";另一方面,未来的职业规划也能起到强烈的激励、鼓舞作用,使学生能够从中得到潜能的激发和信心的激励。总之,通过在校期间的职业规划,学生将会尽早地找到自己的人生方向,心态也会更加平和从容,努力向着自己的理想和目标一步步地前进。

二、社会变迁的要求

现在已经不是大学生毕业包分配、实行计划经济的年代了,大学生毕业后要想获得如意的工作、幸福的人生,就必须自己为自己努力,为自己筹谋。外界环境如水似海,发展迅速。社会大环境的变迁,使得学生毕业后的工作、生活不可控性直线提升。而在面对社会的变化时,学生时代的职业生涯规划便如同大海中的灯塔一般,给学生勇往直前的动力,使之不至于在外界的变幻莫测中迷失自己。此外,我们正处于一个大变革的时代,到处充满着激烈的竞争。物竞天择,适者生存,这也使得职业活动的竞争非常突出。尤其是我国实行社会主义市场经济,并且加入 WTO,融入国际市场之中,在这样的激烈竞争之下,当代大学生想要在社会上立足,必须有的放矢,心中有数,切实规划好自己未来的职业和人生。

三、用人单位的审视

对于用人单位来说,其新进员工是否有明晰而科学的职业生涯规划,其发展目标与本单位的发展构想、价值观是否吻合,也是关系到用人单位和员工双方的重要问题。用人单位一方面通过员工有无职业规划及其职业规划的质量水平对员工进行初步了解和鉴定;另一方面也可以在以后的人力资源管理中进行有效管理,将各个员工放在最适合其发挥自身潜能和最符合用人单位需要的位置上。

综上,当代大学生有意识地寻找、发现、确定自己的未来职业发展规划,并非一件无关痛痒的事情,而是需要得到高校、教师、学生的切实关注。

第三节 如何进行职业规划?

一、正确认识自我

大学生进行职业生涯规划的第一步,就是要对自己有一个清楚、正确的认识。在当今的求职市场上,很多学生因缺少对自己职业的规划而茫然,不知道自己的职业方向,更不知道自己的职业位置在哪里。因此,他们往往将职业的最终选定权交到用人单位、运气、他人的手上,丧失了自己的主体性。但是,大学生的职业生涯规划,无论规划分析、规划设计、规划实施,主体必然是大学生自己。[①] 因此,对当代大学生来说,正确认识以下几个方面的内容十分必要。

1. 职业性格

性格是人们在长期的社会交往实践中所形成的较为稳定的行为方式和心理特征,每个人独特的性格在其社会活动中会发生重要作用。具体到职业中,人们的职业性格大致有外向型和内向型、思考型和情感型、判断型和知觉型等种类。我们要明确,职业性格的分类并没有高下优劣

① 王泽兵,孙加秀,盛锦.大学生职业生涯规划的困境与出路[J].中国青年研究,2007(2):17 - 19.

之分,只存在特定职业性格与相关职业类型的匹配度的问题。大学生可以通过职业性格方面的测试,明确自己的职业性格,从而为下一步的职业规划打下基础。

2. 职业兴趣

兴趣是人们对某种事物所具有的特定的积极、主动的心理倾向。所谓"兴趣是最好的老师""兴趣比能力更重要",很多用人单位在面试时都要求求职者谈一谈个人的兴趣爱好,以明确求职者的兴趣是否与所求职的岗位相配。不同的人,其职业兴趣也不同。有的人对自然科学感兴趣,有的人则对社会科学感兴趣;有的喜欢人际交往方面的工作,而有些人则更喜欢处理事务性、程序性的工作。一个人在面对符合其职业兴趣的工作时,更能积极地发挥自己的主动性,克服工作中出现的难题的勇气和信心也会随之上涨。因此,了解自己的职业兴趣之所在,找到最能激发出自己积极性的职业种类,关系到未来的职业幸福感、持续度和对职业的投入程度。

3. 职业技能

人的能力有一般能力与特殊能力之分。一般能力指的是思考、记忆、观察等方面的基本能力。对大学生来说,在学校课堂上学习的基础知识和专业知识就属于基础职业能力范畴。而特殊能力则是在一些专业特定活动中才会展现出来的能力,如舞蹈家对节奏感的感知、作家对语言文字的敏感等。对于特定职业来说,求职者的特殊能力与该职业的配合度就十分重要。因此,对大学生来说,一方面要努力学习学校的课堂教学内容,使自己的基础职业能力能够达标,达到用人单位招聘的基础线;另一方面,要多学习与特定职业相关的技能和知识,以提高自己的特殊能力,为后期的继续发展和深造进行必要的铺垫。

4.职业价值观

一般说来,职业价值观对人们选择从事的职业会产生一定影响。它的重要性主要表现在对职业人员的工作效率和工作态度的要求上。一方面,不同的职业要求不同的职业价值观。如果缺乏相关的职业精神和职业价值观,就很难做好相关工作。例如从事教育工作或社会服务工作,要求具有一定的承担风险和牺牲的精神。[①] 而从事医疗工作和食品安全方面的工作,则要求具有强烈的责任感和谨慎细致的精神。另一方面,不同的职业也可以满足人们不同的价值需求。例如从事事务性、程序性的工作,可以满足稳定、舒适等价值需要,但却不能满足职业人员的社会交际、成就感等方面的价值需要。每种职业都会相应地满足几种价值观的需求,而不会实现所有价值观的满足。因此,当代大学生要明确自己职业价值观的偏好和排序,树立积极向上的职业价值观,以指导和规划自己将来的职业生涯。

二、明确职业目标

目标在职业生涯规划中有很重要的地位,是第一要素,也是最重要的要素。确定合理的目标是职业生涯规划的最核心的内容。[②] 通过对自我的正确认知,并从眼前的现实和自己的能力出发,确立一个时间合理、目标恰当的目标,会使职业人员有方向和明晰的定位。具体来说,首先,确立阶段性的目标,包括长期、中期、短期目标。长期目标是最终要达到的目标,时间长,跨度大,但是它是整个计划的总领和标杆;中期目标是

① 邹绍岩,刘睿.浅谈大学生如何进行职业生涯规划[J].高教研究,2010(8):159-160.

② 刘晓君.试论大学生职业生涯规划与职业发展[J].高教论坛,2005(3):121-124.

实现跨越式飞跃的根基和沉淀;短期目标则是整体目标的内容细化和过程细化。其次,确立具体化的目标,主要是合理制定大学四年不同阶段的具体的职业生涯规划目标。大学一年级为试探期,主要任务是了解自己,并对职业生涯规划形成相关认识和自觉意识;大学二年级为定向期,对自己未来的职业生涯有个大致的类别,在升学、就业、从政、从商的大方向上加以明确;大学三年级是拼搏期,为自己确立的目标有方向地增长知识,锻炼能力,培养职业技能;大学四年级为冲刺期,向着自己的职业规划做最终努力和跨越,最终得到自己理想的职业。最后,要随着时间、地点的变化及计划进行情况对目标进行适度的调整,根据实际情况和最新现实进行修订,保持目标的可实现性、可衡量性和可行性。

三、有效分析环境因素

1. 社会环境分析

社会环境对学生的职业选择的影响是宏观而重大的。不论是当前社会的政治格局、经济走向,还是社会的职业热点、职业政策,当代大学生在进行职业规划时都需要对其加以思考。在这一过程中,大学生要对时代的变革和社会未来的发展方向保持敏锐的感知,把握时代与社会的脉搏,并科学分析自己所学的专业知识及所选择的职业在未来社会发展过程中的市场情况、发展趋势。此外,还要对社会环境进行利弊分析。社会环境对大学生进行岗位选择的影响是多方面的,有些是积极的、正面的,有些则是消极的、负面的。大学生应该正确认识并分析自己所处的环境,寻找对自己有利的因素,避免不利因素,这样有助于制定出符合社会实际的职业规划。了解社会环境具体是指对就业形势、岗位需求及宏观经济政策有所认识。① 找对于自己有利的环境,发现其中的机遇,回避消极因素,避免威胁,使自己的职业发展少走弯路,科学地减少挫折和困境。

2. 组织环境分析

大学生职业规划的最终指向是具体的组织,因此在进行职业生涯规划时,就要对组织环境进行相关的分析。在当前变革速度越来越快的时代背景下,每一个进步组织也在积极适应环境,对自身进行能动改进,这也就决定了大学生的组织环境分析不是一劳永逸的,而应该紧跟时代和组织的发展变化。对组织环境分析,包括对组织外部关系分析和对组织内部结构、制度、文化分析。当代大学生只有具体了解自己欲置身其中的组织环境的各个方面,才能找到自己施展才华的舞台和自身特点的结合点,将自己的聪明才干充分地发挥出来,从而实现自己的价值。

3. 人际关系分析

每个人都是社会当中的具体存在,在当今信息时代,沟通与交流变得越发重要。因此,在职业规划中,必须将人际关系分析纳入其中。对于大学生的职业规划来说,其中重要的、需要思考的人际关系包括个人职业发展中可能会有交往的上级、下级、同事及竞争者等关系。妥善处理人际关系中的轻重缓急、远近亲疏,是一门极大的学问。而掌握一定的社交礼仪、处世技巧,塑造个人特色,是人际关系中需要掌握的方法。

每年到毕业季时,很多大学生的迷茫、彷徨情绪就会流露出来。但是如果在校时就能够对自己、对社会、对未来有一个清晰而明确的认识,提前做好适合自己的、科学可行的职业规划,就可以很好地避免这种无

---

① 吴薇.大学生职业生涯规划的现状调研及应对策略[J].教师教育研究,2009(5):35 – 39.

措惊慌。对于职业的规划,要将自我特点、个人追求、社会需要有机结合。只有这样,才能实现个人价值,才能在中国特色社会主义建设事业中发挥自己的光与热,为祖国的富强文明贡献力量。

第三章　我们需要什么样的校园文化？

——社会主义核心价值观引领校园文化建设

良好的校园文化作为社会主义先进文化的重要组成部分，是学校的形象和灵魂。营造良好的校园文化，是开展大学生思想政治教育的有效途径，对于全面提高大学生综合素质、促进人际关系的和谐具有十分重要的意义。当前，我国日益重视高校校园文化建设，校园文化的主流也是积极、健康和向上的，但是在校园文化建设过程中也存在一些问题。社会主义核心价值观作为社会主义意识形态的精髓，是实现中国特色社会主义共同理想的巨大精神动力，决定着社会主义发展的方向。建设中国特色社会主义文化，发展社会主义先进文化的核心，就是培育和践行社会主义核心价值观。因此，大学校园文化建设必须以社会主义核心价值观为引领，把社会主义核心价值观融入校园文化建设的全过程，发挥社会主义核心价值观在校园文化建设中的指导作用、"净化器"作用以及规范作用，从而更好地推进大学校园文化建设。

第一节　校园文化的内涵及其存在的问题

一、校园文化的内涵

校园文化是文化系统的一部分，作为学校教育的伴生物，由来已久。

那何谓校园文化呢?"校园文化是在社会人文环境和大文化背景下,在学校这一特定社会空间内,师生依据学校的特殊条件,在从事课内外的各项活动中所创造的精神财富以及承载这些精神财富的规章制度、组织活动和物质形态。"①高校校园文化是以校园为主体空间、以广大师生为主体、以课外文化活动为主要内容的一种群体文化,它是由物质文化、精神文化、行为文化及制度文化四个层面组成的完整的文化体系,并通过特色鲜明的、多样的方式影响着校园所有参与人的思想观念和行为取向。其中精神文化是校园文化的核心和本质内容,是大学校园文化建设的最高目标。

二、校园文化的鲜明特点与功能

校园文化作为"高校校园内"的文化,相较于非校园文化而言,具有很强的独立性和鲜明特征。第一,政治性。学校教育在培养人才的同时,也通过各种途径进行着意识形态的社会化。校园文化作为学校教育的文化载体,不仅是一种特定群体的文化表现形式,也是社会主义先进文化的重要组成部分,"当前的校园文化建设必然要以先进文化的要求为目的,良好的校园文化必然将承担起发展和创新先进文化的历史重任"②,肩负起对学校师生员工的思想政治教育工作,引导师生员工树立正确的世界观、人生观和价值观。从学校层面来说,校园文化也是校方主动营造的一种文化环境,其目的是使师生员工符合学校的要求和期望,凝聚人心,开拓创新,不断达成学校的奋斗目标。第二,多元性。校

---

① 陈秉公.21世纪思想政治教育工作创新理论体系[M].长春:吉林教育出版社,2000:504.

② 冯刚,柯文进.高校校园文化研究[M].北京:中国书籍出版社,2011:16.

园文化涵盖了主流价值观和各种非主流价值观,不同的价值理念相互碰撞,取长补短。同时,校园文化的表现形式也是多元性的,既有文化的表现方式,也有物质的、制度的、行为的表现形式。第三,传承性。校园文化是历史的积淀,往往经过几代人才慢慢形成一种相对固定的、独具特色的文化形态。比如一个学校的校风、学风及人文理念,其一旦形成,就会传承下去,即使时代发生了变化,文化的具体表现形式有所改变,但其精神实质仍然生机勃勃,经久不衰,不断激励着一代代的人去守护它、传承它。

对于大学生来说,校园文化是切实可触的、日常化的文化氛围,它能够以潜移默化的方式影响校园内所有人的思想和行为,因而更容易被学生吸收和内化。良好的校园文化一旦形成,将影响大学生成长和学习的全过程。因此,良好的校园文化建设是大学生思想政治教育的有效途径,是传播社会主义先进文化的重要阵地。良好的校园文化还可以产生文化向心力,起到凝聚人心、陶冶情操、塑造性格、培养气质、提升品位、约束行为等作用,这对于全面提高大学生综合素质、促进人际关系的和谐具有十分重要的意义。建设健康向上的校园文化是我国高等教育的重要内容。当前,校园文化建设的重要性日益得到重视,建设的热情也非常高,校园文化的主流也是积极、健康和向上的,但是在这热闹的背后,校园文化建设也存在一些问题。

三、校园文化建设存在的主要问题

校园文化虽然具有独特性,但其作为社会文化的一个组成部分,并不是封闭的,而是开放的,并随着社会环境的变迁不断发展。随着改革开放的深入和社会主义市场经济的发展,多种经济成分和多重利益主体并存,人们的思想价值观念变得多元化,高校校园文化也出现了前所未有的新气象,但问题也很突出。

1. 多元文化的震荡与价值取向的偏离

当前我国处于社会转型期,各种非主流的文化和价值取向对校园文化建设产生了冲击,特别是各种错误的思想文化正在污染我们的校园。功利主义、拜金主义、历史虚无主义等价值取向都是对社会主义精神理想的背离,这给大学生带来的负面影响不容忽视,"同时,国际国内形势的深刻变化,使大学生思想政治教育面临严峻挑战,也使校园文化建设面临更为复杂的形势"①。因此,如何坚持校园文化建设的正确方向,如何在多样性发展的基础上实现核心价值追求的统一,如何强化马克思主义思想的指导地位就显得非常重要了。

2. 重物质文化建设与轻精神文化建设

校园文化建设应该从物质文化、精神文化、制度文化、行为文化四个维度展开,其中尤其要注重精神文化建设,但很多学校对校园文化的理解更多地放在了物质文化的层面。虽然加强校园物质文化建设,创造优美的校园环境可以熏陶大学生,但是如果没有精神文化作为支撑,一个学校的灵魂必然是空洞的。目前高校投入大量资金集中打造硬件设施和基础设施,而这些一味地大兴土木去追求一些外在的、肤浅的东西的行为,必然是舍本逐末的。

3. 校园文化建设的失真

受高校行政化倾向的影响,有些校园内部文化的行政色彩很浓厚,等级森严,管理者和师生之间、老师和学生之间没有建立和谐、共生、包

---

① 冯刚,柯文进.高校校园文化研究[M].北京:中国书籍出版社,2011:16.

容的关系,对个性和创新,不是积极引导和鼓励,而是采取"一刀切",权力和制度至上,不尊重学生的主体地位,没有坚持以人为本的理念,缺乏对大学生的人文关怀。

办学理念、价值倡导参差不齐。有些学校的办学理念和价值倡导存在低俗化和庸俗化的现象,这种不良的风气不利于对大学生"三观"的正确塑造及道德人格的培养,将会严重损害大学生的身心健康,丧失大学育人育德的美好功能。

校园腐败现象也在营造一个不公平竞争的环境。学生家长或个人通过拉关系、走后门,甚至行贿,使有的学生不通过自身努力就可以获得照顾,而有真才实学、奋发图强、一心向上的学生却得不到应有的回报和尊重。大学生活中的良性竞争本来是有利于人才培养的,公平的环境也是每一个大学生的期许,但是腐败扭曲了公平的价值观追求,这种文化环境必然会造成恶性循环,会有更多的大学生采取不正当的竞争手段来谋求私利。

校园文化建设的失真,将会严重阻碍大学生的个性培养和道德人格的成长。随着大学生对学校认同感的降低,学生对学校教育工作就会产生抵触情绪,对学校和老师的不信任感也会增强,更有甚者从此养成叛逆的性格,沾染各种不良习惯等。

第二节　以社会主义核心价值观引领校园文化建设

一、社会主义核心价值观的内涵及主要内容

党的十八大报告明确提出以"三个倡导"为主要内容的社会主义核心价值观,从国家、社会、个人三个维度提出了具有价值观性质的要求,并在国家、社会、个人三者价值取向上实现了有机统一。第一，富强、民主、文明、和谐是国家层面的核心价值取向，这是对中国梦的理论浓缩后抽象出来的精神之魂，也是指国家经济实力增强，政治上越来越民主，文化上发展社会主义先进文化，推动社会主义文化大发展、大繁荣，建设中国特色社会主义文化，社会和生态上要追求和谐。第二，自由、平等、公正、法治是社会层面的核心价值取向，这是社会主义社会的基本属性和中国特色社会主义的内在要求。在全面深化改革、推进国家治理体系和治理能力现代化的过程中，社会层面的自治与和谐具有重要意义，这不仅有利于国家的治理和发展，而且是个人全面发展的重要前提。第三，爱国、敬业、诚信、友善是个人层面的核心价值取向，这涵盖了社会公德、职业道德、家庭美德及个人品德等不同层次的道德规范。尤其是在道德滑坡的今天，提升公民道德、形成社会的主流价值观道德观具有重要意义。而中国梦的实现及社会主义核心价值观的建设，最终要落实到具体的个人，因此，个人的价值取向，首先要同社会、国家的价值取向一致，并通过个人的积极实践来实现个人与社会、个人与国家的有机统一。

社会主义核心价值观的提出具有重要的现实意义。面对当前中国思想观念多元化的冲击，弘扬社会主义核心价值观可以让我们牢牢掌握意识形态领域的主导权和领导权，坚定社会主义发展的正确方向，不断提升自身的文化软实力，培育良好道德风尚，提升整个民族和人民的精神境界。2013年12月，中共中央办公厅印发了《关于培育和践行社会主义核心价值观的指导意见》，文件明确指出："培育和践行社会主义核心价值观，是推进中国特色社会主义伟大事业、实现中华民族伟大中国梦的战略任务"，"把培育和践行社会主义核心价值观融入国民教育的全过程"。①

二、社会主义核心价值观在校园文化建设中的作用

社会主义核心价值观作为社会主义意识形态的精髓,是中国特色社会主义共同理想实现的巨大精神动力,决定着社会主义发展的方向。建设中国特色社会主义文化、发展社会主义先进文化,就是培育和践行社会主义核心价值观。良好的校园文化作为社会主义先进文化的重要组成部分,必须以社会主义核心价值观作为引领,将社会主义核心价值观全面融入校园文化建设之中,发挥社会主义核心价值观在校园文化建设中的指导作用、"净化器"作用及规范作用,引导大学生树立正确的世界观、人生观和价值观,坚定大学生正确的政治方向和政治信条,培养大学生对社会的责任感和使命感。归根到底,校园文化建设的根本目的是为了培育和践行社会主义核心价值观。

1. 社会主义核心价值观是校园文化建设的指导思想

坚持正确的导向是校园文化建设的关键,"没有正确的政治观点,就等于没有灵魂"②。文化和价值观的多元化并不意味着核心价值观和指导思想的多元化。改革开放以来,我国经济社会的各个层面都发生了深刻的变化,并出现了道德滑坡、信仰缺失、精神空虚等消极现象,为积极面对主流价值的凝聚力不断下降的风险,我们迫切需要积极培育和践行社会主义核心价值观,扩大主流价值观的影响力。良好的校园文化作为

---

① 中共中央办公厅. 关于培育和践行社会主义核心价值观的指导意见(中办发〔2013〕24 号)[EB/OL]. [201312 - 13]. http://news. xinhuanet. com/politics/2013/12/23/c_118674689. htm.

② 毛泽东. 毛泽东文集[M]. 北京:人民出版社,1999:226.

思想政治教育的重要途径和社会主义先进文化的重要组成部分,更需要坚持以社会主义核心价值观为指导,牢牢把握住校园文化建设的正确方向,促进学生形成正确的价值观、道德观及荣辱观,为社会主义现代化事业培养合格的建设者。

2.社会主义核心价值观是校园文化建设的"净化器"

在坚持以人为本,尊重群众主体地位,关注人们利益诉求和价值愿望,促进人的全面发展原则的前提下,社会主义核心价值观所提倡的"自由、平等、公正、法治"及"爱国、敬业、诚信、友善"等美好的价值理念,将带来一股正气,这必将有利于净化当前校园文化建设过程中行政色彩浓厚、价值倡导低俗化和庸俗化及校园腐败等问题,对于大学生吸收有益的精神养分,培养良好的人文理念和道德情怀及提升文化品位也具有重要的作用。它还有利于和谐校园的建设,为大学生创造一个具有开放性、包容性的文化氛围,让个性独立、人格尊严、公平正义及自由的理念得到尊重,让人与人之间变得更加亲切,变得更加和谐。

3.社会主义核心价值观对校园文化建设起到规范作用

文化是行为的指南和行为的规范,社会主义核心价值观的作用就是"帮助学生在价值取向中提高认知能力,增强社会责任意识"①。针对当前大学生思想道德滑坡、功利主义倾向抬头、价值认同失衡及价值观念错位等问题,更需要大力弘扬社会主义核心价值观,歌颂社会主义荣辱观,批判各种各样错误的价值取向,坚持以社会主义核心价值观引领校园文化建设,并通过特色鲜明的方式发挥社会主义核心价值观和校园文化对大学生行为的规范作用。

---

① 崔巧玲.论社会主义核心价值观在校园文化建设中的作用[J].教育教学论坛,2014(3):106.

三、如何以社会主义核心价值观引领校园文化建设?

1.将社会主义核心价值观融入校园物质文化建设之中

一定的校园环境必然对生活在其中的师生的心理产生影响,"高校校园物质文化既是校园内具体文化活动的物质性载体,也是构建校园文化的物质基础"①。党的十八大明确提出:"把生态文明建设放在突出地位,融入经济建设、政治建设、文化建设、社会建设各方面和全过程,努力建设美丽中国,实现中华民族永续发展。"因此,校园物质文化建设也要遵循生态文明观念,努力构建一个更加低碳环保,更加整洁干净,人与自然和谐共生的大美校园。同时,在硬件和基础设施建设中要兼顾其道德文化宣传的作用,突出环境这一载体,丰富校园人文自然景观的精神内涵,打造美术展览馆、校史博物馆、历史文化长廊等学校人文教育基地,利用校园公告栏、校园广播、校园网络等基础设施,特色鲜明地宣传社会主义核心价值观。

2.将社会主义核心价值观融入校园制度文化建设之中

邓小平说过:"制度好可以使坏人无法任意横行,制度不好可以使好人无法充分做事,甚至走向反面。"②校园制度对全体师生员工具有导向功能、凝聚功能、制约功能及教育功能,良好的制度是校园文化建设的保障。而"所有文化进化式传播过程都首先以制度变迁的形式发生"③,换句话说,只有通过制度变迁,我们才能更好地理解和把握文化变迁的具

———————

① 王邦虎.校园文化论[M].北京:人民出版社,2000:65 - 66.

② 邓小平.邓小平文选:第 2 卷[M].北京:人民出版社,1993:333.

③ 马林诺夫斯基.科学的文化理论[M].黄剑波译.北京:中央民族大学出版社,1999:56.

体形态。因此,要培育和践行社会主义核心价值观,就要把其渗透和融入校园制度建设中去,坚持以人为本的原则,尊重人、关心人,重视人的价值实现和个性的发展,"任何人的职责、使命、任务就是全面地发展自己的一切能力"①,制度不是冷冰冰的,而是要充满人文关怀;把民主、平等、公正、法治等美好价值理念作为制度文化建设的根本要求,弘扬正气,释放正能量,消除校园制度中的弊端;健全参与机制,激发全体师生员工培育和践行社会主义核心价值观的内在动力,让优良的制度最大限度地凝聚人心,并成为全体师生员工道德和行为的规范。

3. 将社会主义核心价值观融入校园精神文化建设之中

校园精神文化是校园文化建设的核心和最高目标,集中体现着一所大学的形象和灵魂。在校园文化建设过程中,不论是校园物质文化建设,还是规章制度、办学理念和价值倡导的确立,都应围绕学校所倡导的校园精神来展开。因此,校园文化建设更要将社会主义核心价值观全面渗入校园精神文化之中。高校应该提炼本校的优良传统,结合时代发展的脉搏,努力营造和弘扬符合社会主义核心价值观要求的校风、学风及人文理念;加强社会主义核心价值观的价值主导和价值引领作用,不断提升校园精神文化的品位和水准,并在精神内容上下功夫,打造一系列精品文化活动;创新社会主义核心价值观的宣传方式,以学生喜闻乐见的形式,开展各种各样的活动,不断滋养大学生的心灵,培养其道德风貌。

总之,良好的校园文化作为社会主义先进文化的重要组成部分,必须以社会主义核心价值观作为引领,把社会主义核心价值观融入校园文

---

① 马克思,恩格斯.马克思恩格斯全集:第 3 卷[M].北京:人民出版社,1960:330.

化建设的全过程。校园文化建设的根本目的也是为了培育和践行社会主义核心价值观。

第四章 如何构建和谐的人际关系?

——大学生人际交往

构建和谐的人际关系对大学生的健康成长具有重要的作用,它也是当前我国建设社会主义和谐社会的要求所在。然而近些年校园暴力事件频发,大学生人际关系的庸俗化问题突出。相关的调查显示,有四成以上的大学生认为自己在处理人际关系时感到困惑,可见大学生人际关系的现状不容乐观。尽管这一现状产生的原因比较复杂,但这背后折射出长期以来我国在人际关系教育方面的缺失,因此,如何构建大学生和谐的人际关系就显得非常重要。

第一节 大学生人际关系危机

一、大学生人际关系危机引发校园暴力事件

近些年,高校暴力事件频发。例如,2004 年发生了轰动全国的"马加爵事件",云南大学的马加爵在宿舍接连杀害四名室友。2010 年发生了备受关注的"因丑杀人案",曾经的县高考状元曾世杰,仅仅因为有人嫌他长得丑,他受不了歧视,就在四川大学江安校区明远湖边,杀死一名女生并刺伤两名男生。2013 年发生了令全国瞩目的复旦投毒案,上海复旦大学上海医学院研究生黄洋遭他人投毒后死亡,犯罪嫌疑人正是黄

洋的室友林森浩,所投毒的药品为剧毒化学品 N－二甲基亚硝胺。面对这些触目惊心的事件,我们不禁要问,为何高校暴力事件频繁发生呢?为何发生了矛盾一定要通过暴力来解决呢?校园暴力事件发生的原因是复杂的,但一个不容忽视的重要原因就是,一些大学生缺乏人际交往的能力,他们没能处理好个人与他人的关系。学生人际关系危机导致校园暴力事件频发。

二、大学生人际关系的庸俗化

在大学生人际关系问题上,还有一种现象应该引起重视:大学生人际关系的庸俗化。人际关系的庸俗化主要是指从个人私利出发来看待个人与他人的关系,这主要体现在以下四个方面:第一,大学生腐败问题。有些学生不是通过自身的努力,而是采取不正当的手段,通过拉关系、请客吃饭,甚至行贿,在成绩、评优、选举、入党等方面获得照顾。第二,个人主义取向。一些学生从个人出发,用狭隘的利己主义和功利主义来看待社会和他人,把社会和他人只是当作达到个人目的的工具和砝码。第三,人际关系的物化。即把人际交往当成是物质的交换,而不再是以感情交流为目的。比如有些学生通过物质手段、请客吃饭、送礼等来拉拢关系,其目的也是为了获取物质的回报,人与人之间只剩下金钱交易、物化的人际关系,看似有人情在,实质是赤裸裸的私利在暗涌。第四,江湖气息。例如"出来混要讲义气""是兄弟,就给我面子""为朋友两肋插刀",诸如此类的话不胜枚举。更有甚者,搞霸权主义,拉帮结派,争权夺利,当老大,"一言堂",恃强凌弱,到处算计,损公肥私,损害他人和集体的利益。

我们应该认识到,大学生人际关系的庸俗化是在一定的社会环境背景下,由社会向教育领域内转移和渗透。中国自古就是一个重人情的社会,讲究人情味,每个人都逃不掉一张张人情网,如梁漱溟所说:"中国人的生活,既一向倚重于家庭亲族间,到最近方始转趋于超家庭的大集团;'因亲及亲,因友及友',其路仍熟,所以遇事总喜托人情。"①林语堂也曾说:"中国人是把人情放在道理的上面的。"②重人情没有什么不对,讲人脉也无可厚非,问题的关键是我们在人情中掺杂了太多的个人私欲和物欲,导致人与人之间的关系冷漠无情,人的尊严和情感都被庸俗化了。再者,随着改革开放和社会主义市场经济的发展,人们的价值观念也日趋多元化,各种各样的错误价值观弥漫,如个人主义、拜金主义及功利主义等,大学生受社会环境的影响也逐渐变得浮躁,急功近利。虽然这些庸俗化的现象较之于社会来说并不复杂,但其同样是大学生构建和谐人际关系的绊脚石,如果不能很好地解决,将会严重影响大学生的健康成长。

第二节 构建大学生和谐的人际关系

为了减少校园暴力事件,转变人际关系的庸俗化等人际关系不和谐现象,需要大学生构建起和谐的人际关系,而这是一个系统的工程,"问题的症结广泛涉及社会生活的变迁、教育方式的改革以及大学生素质培养等内容,因而需要家庭、学校、社会多方面的努力"③。对于大学生个人来说,应该正确地认识人际关系和谐的意义,树立正确的价值观,构建

① 梁漱溟.中国文化要义[M].上海:上海世纪出版社,2005:60.
② 林语堂.吾国与吾民[M].台北:台湾综合出版社,1976:72.
③ 胡潇,王敏.当代大学生人际关系障碍的文化成因[J].高教探索,2000(2):68.

合理的自我意识,并在不断反思中改造自我、改进自我和完善自我,还要坚持一定的原则,掌握处理人际关系的方法和技巧。同时,家庭、学校及社会都应该为此做出相应的努力,为大学生构建和谐的人际关系发挥积极的作用。

一、正确认识人的社会性是构建和谐人际关系的前提

人是社会性的人。人生价值的实现,总是建立在一定的社会关系基础上的。每个人在社会生活中都要与他人结成各种各样的关系,虽然每个人以独特的方式在实现自己的人生价值,但离开一定的社会关系,个人就不能独立存在,又何谈人生价值的实现呢? 正如马克思所说:"人是最名副其实的政治动物,不仅是一种合群的动物,而且是只有在社会中才能独立的动物。"①因此,要实现人生价值,就必须要处理好个人与社会的关系,而个人与他人的关系是人与社会关系的直接、具体的体现。所以,构建和谐的人际关系是大学生实现人生价值的重要前提条件。

不仅如此,由于人的社会性,人生价值内在地包含了人生的自我价值和社会价值两个方面。而人的社会性决定了人生的社会价值是人生价值的最主要方面,在对个体人生价值的评价上,也主要看他的社会价值实现,即他对社会所做的贡献。如果一个人对社会和他人的生存和发展贡献越大,那么其人生价值就越大;反之,如果一个人损害了社会和他人的生存和发展,那么其人生价值就是负值。可见,构建和谐的人际关系不仅是人生价值实现的重要条件,更是人生价值所要追求的目的和归宿。

---

① 马克思,恩格斯.马克思恩格斯全集:第46卷[M].北京:人民出版社,1979:21.

二、构建和谐人际关系的意义

1. 构建和谐人际关系的国家意义

马克思曾经说："作为确定的人、现实的人，你就有规定，就有使命，就有任务，至于你是否意识到这一点，那都是无所谓的，这个任务是由于你的需要及其与现存世界的联系而产生的。"[①]当代大学生在看待问题的时候就应该具备使命意识，不能从个人狭隘的视角出发，一切以个人为中心，把个人理想置于社会理想之上，而是要从小我中走出来，自觉承担起国家和社会赋予我们的历史使命，只有将个人理想同国家的前途、民族的命运相结合才是有意义的。

当前，我国明确提出构建社会主义和谐社会的战略任务，并把构建社会主义和谐社会作为中国特色社会主义事业"五位一体"总体布局的重要组成部分。而在现阶段，建设和发展中国特色社会主义是全国各族人民的共同理想和奋斗目标。在此背景下，我们应该看到，人与人之间的和谐不仅对于我们个人来说具有重要的意义，而且它是我们构建和谐社会的重要目标，也是我们承担起建设中国特色社会主义、实现中华民族伟大复兴的历史使命的重要一环。既然时代赋予了这一神圣的使命，那么当代大学生就应从自身做起，努力构建自己和谐的人际关系，为社会主义和谐社会建设和中国特色社会主义共同理想的实现贡献自己的力量。

2. 构建和谐人际关系的个人意义

从个人角度来看，和谐的人际关系是一个人成长、幸福和成功的重

---

① 马克思，恩格斯. 马克思恩格斯全集：第3卷[M]. 北京：人民出版社，1960：329.

要财富。一个人的成长离不开各种各样的社会关系,人总是在各种社会关系中定义自己和构建自己。而构建良好的人际关系对一个人人格的塑造、知识的学习及能力的培养是非常重要的。相反,一些不良的关系就会危害一个人的身心健康,更有甚者会使人走上犯罪的道路。

英国的弗兰西斯·培根曾说:"如果你把快乐告诉一个朋友,你将得到两个快乐;而你如果把忧愁向一个朋友倾吐,你将被分掉一半忧愁。"[①]人总归不是孤独的,我们的幸福来源于与别人的情感分享。一个孤僻的、不合群的人会认为自己被社会抛弃了,在情感受挫的时候,没有抒发的渠道,也没有人及时给予引导和帮助,在一个固化的视角下做出不合时宜的决定,从而造成了严重的后果。相反,一个懂得分享、待人友善、有良好人际关系的人就能够在情感受挫的时候得到抚慰和帮助,他从身边的人那里获取正能量,走出内心的阴暗和狭隘,从而更加坚定其战胜困难的信心。一个人的幸福并不一定必须完全建立在和谐的人际关系之上,但是拥有良好的人际关系,确是一个人幸福的重要起点。

而在参加各种面试的时候,面试官往往会着重考察大学生人际交往的能力。因为,当今社会竞争日益加剧,人们的合作范围越来越广泛和深入,合作的形式也多样化,可想而知,一个不能与他人建立良好合作关系的人是不能适应时代发展要求的。正如西方现代人际关系教育的奠基人戴尔·卡耐基所说:"一个人事业上的成功,只有15%是他的专业技术,另外85%要靠人际关系、处世技巧。"[②]因此,要想取得人生的成功,就要努力构建自己和谐的人际关系,在团队合作中不断增强自己的能量,不断培养自己与他人和谐相处的能力。

---

① 弗兰西斯·培根.培根论人生[M].上海:上海人民出版社,1983:52.

② 戴尔·卡耐基.美好的人生,快乐的人生[M].北京:中国文联出版社,1987:5.

三、构建大学生和谐人际关系的对策

1. 关键是处理好个人与他人的利益关系

个人与他人的关系,本质上是一种社会利益关系的表现形式。在社会主义社会,人与人之间没有根本的利益冲突,在尊重自己利益的同时,要尊重他人的利益和集体的利益。同学之间即使有矛盾冲突,也不应该把矛盾扩大化,在名利面前要有所取舍,退一步海阔天空,自觉地维护同学之间的和睦和团结。同时,个人与他人的利益关系要服从国家利益和集体利益,不能仅仅因为个人和他人利益的和谐,就损害国家和集体的利益。

2. 和谐的人际关系构建要坚持一定原则

第一,平等原则。人生而平等的观念是文明进步的体现,这也是社会主义社会的本质体现,大学生更应该具备这种文明的素养。但是当今社会,各种不平等的观念和现象仍然存在,尤其是在贫富差距日益扩大的今天,经济的不平等让有些人狂妄自大,而让有些人感觉到自卑。但是物质的因素不应该成为文明进步的障碍,我们要排斥这种物化的思维,让人作为人的光辉不被湮没,让人与人之间的关系不被金钱割裂。因此,大学生应跳出庸俗的、物化的、个人主义的思维,具备经国济世的情怀和美好的人文气质,在人际交往中应该一视同仁,尊重自己,也尊重他人。当我们高举平等观念的大旗不动摇的时候,个人与他人的和谐也就具备了前提基础,因为没有人愿意被不平等地对待。

第二,诚信原则。"诚者,天之道也。诚之者,人之道也,诚者,不勉而中,不思而得,从容中道,圣人也。"①诚实、讲信用是中华民族的传统美德,也是当前公民道德建设的重要方面。之所以强调诚信的重要性,是因为不讲诚信的社会,必然导致人与人之间不信任,相互敌视和防备。这样的社会就如同霍布斯所说的,是"每一个人对每一个人的战争"②。这样的社会是我们构建社会主义和谐社会的障碍,也是人们构建和谐人际关系的绊脚石。当代大学生所肩负的使命正是建设和谐的社会,而要让人与人之间的和谐成为可能,那么坚持诚信原则是重要的保证。

第三,宽容原则。法国大作家雨果说:"世界上最宽阔的是海洋,比海洋更宽阔的是天空,比天空更宽阔的是人的胸怀。"③中国的民族英雄林则徐在一副自勉联中也说过同样的话:"海纳百川,有容乃大。"可见,具备宽广的胸襟是多么的重要。同学之间与其仅仅因为一些琐事就发生矛盾,甚至暴力相向,导致不可估计的严重后果,倒不如学会宽容,用博大宽广的心胸去对待他人,那么人与人之间的误解和矛盾就不会无限地扩大,而是会慢慢地变小,最后达成双方的谅解。但是宽容是有限度的,如果无法继续宽容下去,那么就勇敢地站出来,坚持原则,有理有据,直面矛盾,无所畏惧。

第四,互助原则。任何人在成长过程中都会遇到各种各样的困难,而在困难面前,人性的美好一面,就是相互帮助和相互支持。这种互助,既包括物质的帮助,也包括精神的支持。互助是一种正能量,但是很多时候它也被庸俗化了。比如考试中作弊互助,相互结成利益联盟,损害他人和集体的利益,江湖义气裹挟下的邪恶动机和共同犯罪,帮助他人

---

① 秦燕,张启勋.中国思想文化概论[M].陕西:西北工业大学出版社,2002:198.
② 霍布斯.利维坦[M].北京:商务印书馆,1995:94.
③ 雨果.悲惨世界:上册[M].上海:上海译文出版社,2006:173.

达成不正当的目的及互助中的物化现象,等等。所以,我们要有所区分,要让互助成为正能量,而不是负能量;要让互助成为友谊的坚强支柱,而不是达成个人私欲的工具;要让互助成为自己的财富,而不是成为一种束缚。

3.从心出发,打造人际关系的生态圈

第一,个人身心和谐是前提。一个人只有自我身心和谐了,才能在与别人相处的过程中定位好自己。因此,大学生要端正自己的世界观、人生观和价值观,自觉摒弃各种错误的思想,并注重自身的思想道德修养,促进自我身心的和谐,这样才能在处理人际关系时,摆正心态,端正动机,注重品行,坚持原则,为和谐的人际关系的构建奠定基础。

第二,大学生应该敞开心胸。大学是一个充满活力的小社会,每个人都应该敞开心扉,海纳百川,爱好广泛,积极进取,在丰富的社会交往中不断完善自我,提升自己与他人交往的能力,并构建自己的人脉圈。相反,一个狭隘幽闭的心灵,故步自封,独来独往,甚至对人际交往产生抵触、怀疑、厌恶等负面情绪。这种自我封闭就像一堵墙一样,把生动活泼的大学生活阻隔,让处于花季的大学生不仅失去了锻炼人际交往能力的好机会,而且这会造成大学生更加孤僻的性格,对他们的成长、幸福及成功将是重大的损害。

第三,真心换真心。首先,大学生人际交往要用真心换真心,真心换真情,交往动机要纯,为人要正直,待人要心诚,还要学会换位思考,处处为别人着想。其次,要注重感情的投入和思想的交流,摒弃各种庸俗化的人际关系,结交挚友而不是酒肉朋友,讲究大义而不是江湖义气。只有从心出发,你才能获得别人的真心和感情,你所建立的友谊才能经得起考验,才能真正成为你人生的一笔重要财富。

第四，和谐的人际关系是一个生态圈。在这个大的生态圈内，又有各种各样的小生态圈，比如有正式的人际圈和非正式的人际圈，有双边人际圈和多边人际圈，有核心朋友圈和普通朋友圈，有即时朋友圈和长久朋友圈，有旧友圈和新友圈，有熟人圈和陌生人圈，等等。不同的生态圈要求以不同的态度、方式来对待，如果不合时宜地跨越了边界，就会造成相互的误解和尴尬。虽然不同的生态圈在一定程度上是相对封闭的，但是在某种情况下又是开放的，比如正式的人际关系可以变成非正式的人际关系，普通朋友也可以变成核心朋友，因此，我们要构建的和谐人际关系是由一个个开放的生态闭环所组成的大生态圈。每一个人都应该思考的是，如何适时地重塑自己，调整心态，改变以往对事物的看法，积极乐观地去营造属于自己的生态圈，让这种生态圈内化成自己的肌肤和脉络，使之成为一种和谐的、开放的、有机的、可持续的良性生态循环。

4.家庭、学校和社会要发挥积极作用

首先，家庭关系和谐对孩子身心的健康非常重要，这也直接影响到孩子与人交往的态度和取向；家庭教育要端正，注重孩子的人格培养和思想境界，而不要把过多功利性观念灌输给孩子；家长要积极鼓励和引导孩子进行人际交往，并给予相应的技巧指导，而不是过多地限制和过度保护；家长还要学会与孩子沟通，及时疏导孩子不良的心理，纠正孩子不当的行为取向。

其次，学校应该加强对大学生的"三观"塑造及思想道德修养的培养；开设相关的课程并积极开展相关实践活动，及时发现并引导有心理障碍的学生走出困境；建设和谐的校园文化，促进人际关系的和谐；建立人际冲突预警机制，及时纠正大学生认知和行为上的偏差。

最后，社会要传递正能量。社会环境会对大学生认识和处理人际关系产生影响,如前所述,大学生人际关系的庸俗化是在一定的社会环境背景下,由社会向教育领域内转移和渗透。因此,要想摒弃这种庸俗化的人际关系,社会就要传递正能量,给大学生以示范。当前,我国处于社会转型期,矛盾频发,构建社会主义和谐社会理念的提出,必将在社会的和谐、人与人的和谐及个人自身的和谐上传递出正能量。

总之,帮助和引导大学生构建起和谐的人际关系,提高大学生人际交往的能力和与人沟通的技巧,是解决当前大学生人际关系问题的重要途径,是大学生健康成长、人生幸福和事业成功的重要保障,也是构建和谐校园、建设社会主义和谐社会的必然要求。

第四篇　踏进社会　迈向成熟

　　大学是大学生社会化的关键时期,大学生通过学习,树立了正确的世界观、人生观和价值观,学习了专业知识和技能,了解了基本的社会规范和行为准则,开始准备进入社会,承担起自己作为社会人所要担负的责任和义务。个人和社会是相互影响的两个方面,大学生作为高素质、高水平的社会群体,不仅要在社会中学习、提升自己,更为重要的是要成为教育主体,将优秀的文化、价值传递给他人,反馈给社会。当前,食品安全、"三农"发展、贫富差距、生态文明等牵动人心,举世瞩目。大学生要关心国家、看待社会、关注民生,学会用马克思主义立场、观点和方法来观察和分析、参与解决这些问题。这既是大学生有担当的表现,也是大学生成熟的重要标志。

第一章　食品安全问题为何层出不穷？
——现代食品安全问题

"国以粮为本,民以食为天"。食品是老百姓赖以生存的最重要的物品,也是关系到国家能否正常运转的最基本的要素。随着社会的发展、人们生活水平的不断提高,食品的种类越来越丰富,人们的选择余地也越来越大。但与此同时,食品安全问题也层出不穷、日益严重,给老百姓的正常生活蒙上了一层阴影。2005 年的"苏丹红事件"、2008 年的"毒奶粉事件"、2011 年的"染色馒头"及屡禁不止的"地沟油""瘦肉精"等,这些不断爆出的事件耸人听闻,触目惊心,老百姓谈"食"色变,对食品安全逐渐丧失信心。食品安全问题不仅直接关系到人民大众的生命安全和身体健康,更关系到国家和社会的稳定发展,已连续多年成为社会公众的关注焦点和百姓呼吁亟待解决的民生问题。

第一节　食品安全知识

一、什么是食品安全?

概念是认知的起点。我们在认识一个事物时,如果不清楚概念,就会影响到我们对这个事物的认知,并妨碍到进一步的研究,从而导致逻辑混乱。要了解食品安全的相关问题,我们首先得清楚食品安全的概念。什么样的食品才是安全的？含有添加剂的食品是安全的吗？有机食品就是安全食品吗？关于食品安全的定义,也是经历了一个长期不断发展完善的过程。1974年,联合国粮食及农业组织(The Food and Agriculture Organization of the United Nations,简称FAO)在世界粮食会议上,第一次将食品安全概念定义为:"保证任何人在任何时候都能得到为了生存和健康所需要的足够食物。"[1]这个定义强调的是食品的数量。随着经济的不断发展,食品数量由短缺到充裕,品种由单一到丰富,食品安全的概念也随之有了变化。1984年,世界卫生组织(World Health Organization,简称WHO)在《食品安全在卫生和发展中的作用》的文件中,将食品安全定义为:"生产、加工、储存、分配和制作食品过程中确保食品安全可靠、有益于健康并且适合人们消费的种种必需条件和措施。"[2]定义的重点从数量转变到了质量,涵盖了整个生产关系。《中华人民共和国食品安全法》第十章附则第九十九条规定:"食品安全,指食品无毒、无害,符合应当有的营养要求,对人体健康不造成任何急性、亚急性或者慢性危害。"[3]由此可见,食品安全是一个综合、宽泛的概念,具有时间上的延续性和空间上的拓展性。首先,食品在加工生产过程中必须是安全的;其次,在消费者购买、食用过程中食品必须是安全的,同时也不能危害后代的生命安全和身体健康。从更广义的层面上来说,不能破坏国家安全稳定,必须保障国家的经济、政治、社会等各方面的和谐以及国际的贸易和谐。

---

① 转引自邵继勇.食品安全与国际贸易[M].北京:化学工业出版社,2006:11.
② 同上。
③ 靳国章.饮食营养与安全[M].北京:清华大学出版社,2013:19.

二、食品安全与食品卫生、食品质量

早期,食品安全和食品卫生被视为一个概念。随着社会的发展,二者也逐渐被区分开。在《食品工业基本术语》(GB/T15091－95)中,食品卫生是指"为防止食品在生产、收获、加工、运输、贮藏、销售等各个环节被有害物质污染,使食品有益于人体健康所采取的各项措施"①。食品安全作为一个标准贯穿了食品原材料种植及食品生产、加工、消费的全过程,既要求过程的安全,也强调结果的安全。食品卫生是指为防止食品污染而采取的一系列具体措施,侧重生产过程的安全,确保食品生产源地的安全卫生。总的来说,食品安全是目的,食品卫生是手段,食品安全的层次要高于食品卫生。

《食品工业基本术语》中规定,食品质量(food quality)是指食品满足规定或潜在要求的特征和特性总和,反映食品品质的优劣。关于食品安全与食品质量的区别,1996年世界卫生组织在《确保食品安全与质量:加强国家食品安全控制体系指南》中做了比较明晰的阐述:"食品安全与食品质量在词义上有时存在混淆。食品安全指的是所有对人体健康造成急性或慢性损害的危险都不存在,是一个绝对概念。食品质量则是包括所有影响产品对于消费者价值的其他特征,这既包括负面的价值,例如腐败、污染、变色、发臭,也包括正面的特征,例如色、香、味、质地以及加工方法。食品安全与食品质量的这种区别对公共政策有指引作用,并影响着为实现事先确定的国家目的而设立的食品控制体系的本质和内容。"②由此我们可以看到,食品质量衡量食品的优劣程度,包括正、负两

---

① 刘少伟,鲁茂林.食品标准与法律法规[M].北京:中国纺织出版社,2013:293.

② 任端平,潘思轶,何晖,薛世军.食品安全、食品卫生与食品质量概念辨析[J].食品科学,2006(6):259.

1

个方面,而食品安全只指正的方面,食品安全是食品质量的组成部分。由于我国在食品标准方面存在多重性,既有食品质量的标准,又有食品安全的标准,食品质量的正面特征逐渐成为主导特征,趋向食品合格的含义,食品质量和食品安全便容易被混淆了。

第二节　我国的食品安全问题及影响

一、我国食品安全问题现状

食品安全问题并不是在现代才出现的。隋唐五代的《启颜录》中有一篇《酒肆》,就是嘲讽商贩为了私利往酒中掺水的事。"隋时,数人入酒肆,味酸且淡,乃共嘲此酒。一人云:'酒,何处漫行来,腾腾失却西。'诸人问云:'此何义?'答云:'有水在。'"宋代袁采的《袁氏世范》中也披露了商贩造假的种种方式:"假伪之物,饰为真实。如绢帛之用胶糊,米麦之增湿润,肉食之灌以水,药材之易以他物。巧其言词,止于求售,误人食用,有不恤也。"不顾及消费者,以次充好,以劣充优,只为牟利。总的来说,古代食品安全问题主要是掺假、假冒或者销售过期食品。到了现代,随着社会经济、技术的不断发展,社会转型,食品安全问题也变得日益复杂化。

14

近 10 年来我国典型的食品安全事件

时间	事件名称	爆发源	影响
2013 年 5 月	山东"毒生姜"事件	硫黄	用硫黄熏制后的生姜具有较强的毒性,如果经常食用,轻者会引起肠胃功能紊乱,出现腹痛、头晕等症状,重者将导致人体相关器官组织慢性衰竭。
2012 年 4 月初	"皮鞋酸奶果冻"事件	用皮革废料制作的工业明胶	皮革废料中含有对人体有害的金属铬,金属铬会破坏人体骨骼及造血干细胞,长期摄入会导致骨质疏松,严重的会患上癌症。
2011 年 3 月	双汇"瘦肉精"事件	瘦肉精	瘦肉精有着较强的毒性,长期食用有可能导致染色体畸变,诱发恶性肿瘤。
2010 年 12 月	北京"漂白蘑菇"事件	荧光增白剂	荧光增白剂是一类精细化工产品,严禁在食品加工中使用。它被人体吸收后,会影响神经系统,大大降低人体免疫力,加重肝脏负担,同时还可导致细胞畸变。过量接触,会成为潜在的致癌因素。
2010 年 1 月	海南"毒豇豆"事件	水胺硫磷农药残留超标	水胺硫磷是一种高毒性农药,禁止用于果、茶、烟、菜、中草药植物上。它能经由食道、皮肤和呼吸道引起人体中毒。
2008 年 9 月	河北三鹿婴幼儿奶粉事件	化工原料三聚氰胺	因三聚氰胺污染奶粉,死亡 4 人,数百名儿童出现不同程度的泌尿系统病变。
2006 年 11 月	河北"红心咸鸭蛋"事件	苏丹红	苏丹红属于工业染料,食用后可能致癌。苏丹红具有致突变性和致癌性,我国禁止使用于食品中。

时间	事件名称	爆发源	影响
2004 年 4 月	安徽阜阳劣质奶粉事件	假冒伪劣	阜阳市因食用劣质奶粉导致营养不良而死亡的婴儿共计 12 人。已使 229 名婴儿营养不良，其中轻中度营养不良的 189 人。
2003 年 12 月	浙江"毒火腿"事件	农药	长期食用用敌敌畏浸泡过的劣质火腿会导致慢性中毒。

通过对近 10 年来我国较为典型的食品安全问题的分析，我们发现，食品安全问题在食品原材料供应，食品生产加工、运输和消费各个环节均大量存在。

在食品原材料供应环节出现的食品安全问题，首先可能是原材料自身具有毒素，导致人们误食后引起食物中毒，比如毒蘑菇、发芽的马铃薯、没有处理好的河豚等，其次大部分还是由于人为引起的原材料污染。

1. 环境污染导致的食品原材料污染

环境污染引起的食品原材料污染是我国食品安全问题的主要原因之一。我国土壤污染总超标率为 16.1%，农药使用量达世界公认警戒线的 1.8 倍，水污染日益加剧，整体严峻的环境形势也波及了食品原料的安全。大米镉超标就是因在受镉污染的土地上种植水稻而造成的，用这样的水稻加工成的大米及用镉大米制作的食品必然会危害人类健康。不只是土壤的重金属污染，海洋环境的污染也导致了海鲜类食品重金属超标，这些有害物质在农作物和海产品中不断富集，被人食用后进入人们体内，引发各种疾病。

2.农药、化肥的超标使用

我国是人口大国,对粮食、蔬菜的需求一直在持续不断地增长,病虫害是影响粮食产量的一个重要因素。为了有效地防治病虫害,保证粮食、蔬菜的高产,大量使用农药、化肥已经成为重要手段。从新中国成立至今,我国的农药、化肥使用的历史已有60余年,我国农药、化肥的使用量占全球使用总量的35%,我国农药年产量约170万吨,每亩需要近两斤,无论是使用量还是产量都是全球第一。但是两个"第一"的背后却是比发达国家低了15%—20%的使用率,环保部自然生态保护司司长庄国泰指出:65%的化肥都变成了污染物,留在了环境当中。① 农残超标给食品安全带来了很大的威胁。残留的农药、化肥造成了环境污染,导致食品原材料的污染,通过食物链不断富集,被人体吸收。另外,给农作物施用、喷洒农药后,过量的农药会附着在农作物表层,有的会被农作物直接吸收,人若直接食用,会导致食物中毒。据了解,我国由于农药污染食品而造成的中毒者人数年均近20万,约占食物中毒人数的三分之一。近15年来,我国平均每年仅因蔬菜农药残留超标、食用工业盐等导致的群体性食物中毒事故就有150次左右。②

随着经济的不断发展和人口的不断增多,食品需求量不断增大,同时人们对食品的要求也在不断提高。为了缩短生产时间,赚取更多利润,很多商家利用我国食品管理存在的漏洞,在生产环节违规添加各种非食用类物质和添加剂,甚至直接使用假冒原料,以次充好,造成了很多

① 华夏时报.我国粮食产量十连增背后:地下水抽上来能当肥料[EB/OL].[2014－03－14].http://finance.sina.com.cn/china/20140314/234318514114.shtml.

② 我国农药污染现状及原因[EB/OL].[2014－10－27].http://www.lccdc.cn/list_content.asp?articleid=6273.

食品安全问题。

3.非食用物质和食品添加剂的违规使用

青岛胶南的一个加工黑窝点利用甲醛和工业盐来加工猪血,导致消费者食用后胃痛、呼吸困难,经抢救输液后方转危为安。甲醛溶于水后形成的水溶液即我们俗称的福尔马林,用于防腐、消毒和漂白。由于黑窝点没有正规的储存设备,无良商贩利用甲醛和工业盐来防止猪血腐烂,并将腐烂的猪血再加工,流向市场。为了保证食材的新鲜、口感、外观,很多商贩会在食品加工过程中添加国家明令禁止使用的一些化工原料,这些已经成为食品加工中屡见不鲜的现象,给食品安全带来了很大的隐患。

除了在食品加工中违规添加非食用类物质以外,滥用食品添加剂也成为近年来食品安全问题的一个主要爆发源。《食品工业基本术语》中对食品添加剂(food additives)的定义为:"为改善食品的品质和色、香、味,以及为防腐和加工工艺的需要,加入食品中的化学合成物质或天然物质。"①目前我国允许使用的食品添加剂有2300多种。色素、香料、防腐剂、抗氧化剂、酸味剂、着色剂、乳化剂、增稠剂、营养强化剂等都是常见的食品添加剂。食品添加剂是现代食品工业不可或缺的重要物质,在食物保鲜防腐、美化外观、增加营养等方面起了重要作用。因此,合理、适量的食品添加剂有利于食品安全和营养。但是凡事过犹不及,滥用食品添加剂则会造成食品安全问题。例如馒头和油条过量添加膨松剂,会造成铝的残留超标。长期食用过量添加乳化剂、食用香精的奶制品会影响人体的肝脏功能。护色剂的主要成分为硝酸盐、亚硝酸盐,过量添加

---

① 李磊,朱纪友,孙建国.食品安全与统计技术[M].北京:中国标准出版社,2011:2.

容易与肉制品中的蛋白质结合,形成 N-亚硝基化合物,有较强的致癌作用。

4. 生产假冒伪劣产品

很多销售者为了牟利,无视国家的法律法规,用不合格的、劣质的原料来以次充好,生产加工食品。近年来频发的猪肉冒充牛肉事件就是一个典型的例子。一般猪肉的进价为每市斤 10—11 元,而加工好的牛肉售价为每市斤 40—50 元。因此,很多熟食店就买猪肉甚至是对人体有危害的母猪肉来进行加工,通过添加色素、淀粉、腌制剂,放入卤牛肉的汤汁中卤制,猪肉就摇身一变成为口感颇佳的牛肉,盈利可达每市斤 30 元左右。除了假牛肉,还有用石膏和树脂造的鸡蛋、用硫酸将白糖裂解成的假蜂蜜、用鱼糜和淀粉混合成的仿生虾丸蟹棒等等,这些销售者用无穷的想象力构写了一部食品界的暗黑童话,他们偷天换日的功夫估计连世界上最伟大的魔术师看了都会"叹服"。当消费者知道自己所吃的食物都不能称之为食物时,不知他们的内心会做何感想。

5. 食品包装容器的污染

除了食品本身的问题以外,食品包装容器的污染也成了目前影响我国食品安全的一个重大隐患。一方面,我国食品行业竞争激烈,一些企业为了降低成本,赚取更多的利润,用劣质有毒的材料来包装食品。另一方面,我国关于食品包装并无明确的标准和规定,甚至有时候会出现不同的部门制定的标准不一样的窘状。例如国家卫计委规定的 107 种新的可以用于食品生产包装的树脂,却被国家质检总局答复为不可用来直接生产食品包装容器。这些都造成了食品包装行业的混乱和难以管理。2011 年,广州、上海、温州的多家影城被爆出爆米花桶荧光增白剂超标,长期使用可致癌。还有小餐馆和路边摊经常使用的一次性发泡饭盒,高温加热后会产生有毒物质,破坏人体的中枢神经系统。

在消费过程中,信息不对称往往是造成食品安全问题的主要原因。信息不对称现象,是指交易双方占有的有关交易的信息不均衡,一方比另一方占有较多的信息,处于信息优势地位,而另一方则占有较少的信息,处于信息劣势地位。① 在食品消费过程中,消费者大都处于信息劣势地位,他们购买的都是最终的成品,对食品生产制作以及相关信息一无所知;而生产者大多处于信息优势地位,为了促使消费者购买,他们往往会放大消费者所希望了解的信息,隐藏不利信息,他们甚至拥有随意篡改信息的权利。很多生产者涂改生产日期,将已经过期的食品改成保质期内,进行二次销售。这种行为已经违反了我国食品安全法及食品质量法的相关规定,必须受到严惩。

二、食品安全问题出现的原因

1. 经济利益驱动

这是我国食品安全问题产生的最根本原因。一些商家唯利是图,为了牟利,置广大消费者的生命安全于不顾,生产不合格的产品。马克思在《资本论》第一卷里有一段脚注:"资本害怕没有利润或者利润太少,就像自然界害怕真空一样。一旦有适当的利润,资本就胆大起来。如果有 10% 的利润,它就保证到处被使用;有 20% 的利润,它就活跃起来;有 50% 的利润,它就铤而走险;为了 100% 的利润,它就敢践踏一切人间法律;有 300% 的利润,它就敢犯任何罪行,甚至冒绞首的危险。"② 为了利

---

① 张晓涛,王扬. 大国粮食问题——中国粮食政策演变与食品安全监管[M]. 北京:经济管理出版社, 2009:114.

② 马克思,恩格斯. 马克思恩格斯选集:第 2 卷[M]. 北京:人民出版社, 1995:6.

润,一些无良的商家如八仙过海,各显"神通"。他们使出了各种手段,假冒伪劣、"三无"产品、虚假宣传,让人眼花缭乱,"生动形象"地诠释了"没有做不到,只有想不到"这句话。

2. 政府监管不力

在《小康》杂志和清华大学媒介调查实验室联合发布的《2010—2011 消费者食品安全信心报告》中,"政府监管不力"是百姓提及食品安全问题时都会抱怨的一点。调查显示,只有20.5%的受访者认为政府在食品安全方面的监管力度"很大"或"比较大",45.2%的人则认为"力度不够"或"没啥力度"。

4 个"大盖帽"为何管不了一棵豆芽菜?

北京频道（2011 - 04 - 28 14:23:10） 稿件来源:《人民日报》

沈阳市发现了"药水豆芽",记者举报投诉,打了一圈电话,竟被4 个部门推了回来:质监部门称自己负责食品生产加工环节,市场上的豆芽归工商部门管理;工商部门称豆芽是初级农产品,应该归农业部门管;农业部门称没有拘留资格,很多违法商贩在检验结果出来前就逃跑了;食品药品监督管理部门则称,自己只负责检测饭店或食堂里做好的饭菜……4 个"大盖帽"管不了一棵豆芽菜?

4 个"大盖帽"管不了一棵豆芽菜的原因除了食品门类复杂,缺乏统一的监管体系外,最根本的就是"有利都想管,无利都不管"。目前,我国采取分段监管和品种监管相结合的模式,这样就导致监管边界不清,容易出现重复监管和监管空白等情况,一旦出了事故,各部门便会相互推诿,"踢皮球"现象屡禁不止。

3. 法律体系不健全

我国关于食品安全的法律法规条目众多,项目繁杂。主要的法律有三部:《中华人民共和国食品安全法》《中华人民共和国农产品质量安全法》和《中华人民共和国产品质量法》。相关的行政法规有 16 部。在食品安全监测标准方面,现已制定和发布了国家标准 1000 多项、行业标准 1000 余项,包括种类食品产品标准、食品污染物和农药残留限量标准、食品卫生及检验方法、食品质量及检验方法、食品标签、食品添加剂、食品包装和食品贮运等方面。[①] 虽然我国制定了不少关于食品安全的法律法规,但是不同的法律法规由不同的部门主管,例如食品安全法由卫生部主管,产品质量法由国家质检总局主管,相互间缺乏系统性和协调性,同时一些标准范围交叉重合,影响了法律法规的实施。

4. 安全意识淡薄

随着社会对食品安全的关注度大大提高,消费者在购买食品时也从过去的以注重价格为主转变为以品牌、质量为主要考察因素。但是很多消费者在面对食品安全问题时没有采取正确的措施,他们往往会以自己的方式来处理。根据《生命时报》发布的 2006 年五大城市食品安全民意调查结果来看,很多消费者在购买到问题食品时选择一扔了之,息事宁人,没有维权的法律意识。面对出现问题的食品品牌时,绝大部分消费者选择不再购买,有的甚至连同类商品都不再购买。这些不理性的行为在一定程度上姑息纵容了食品生产者的违法行为。

---

① 谢芳琴.我国食品安全法律规制存在的问题及对策研究[D].重庆:西南大学研究生院.2012:10.

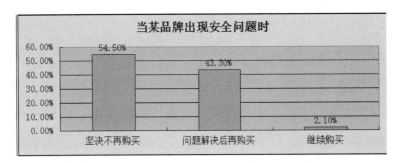

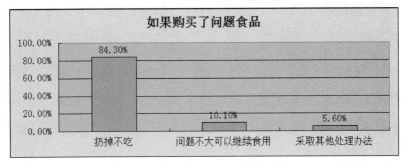

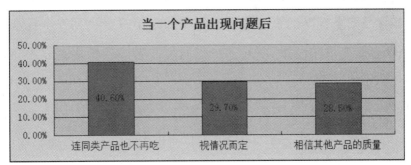

（数据来源：2006 年五大城市食品安全民意调查结果）

第三节　如何保障"舌尖上的安全"?

俗话说:"民以食为天。"当这片天空出现裂缝甚至有坍塌的危险时,我们谈何国泰民安? 谈何全面发展? 古有女娲补天,而如今的"补天"不能单靠一人之力,而是需要社会各阶层齐心协力,共同完成。

一、完善法律体系,加大惩戒力度

国家要不断完善相关法律法规,制定更具有可操作性的食品安全标准。要与国际接轨,结合实际,及时更新法律法规,让不法商家无漏洞可钻。同时要加大惩戒力度。汉唐时期,《唐律疏议》规定:"脯肉有毒,曾经病人,有余者速焚之,违者杖九十;若故与人食并出卖,令人病者,徒一年,以故致死者,绞。"造成他人中毒身亡,即被判处绞刑。遍览外国,在"麦当劳咖啡烫伤美国老太"一案中,陪审团判定麦当劳应偿付原告270万美元的"惩罚性赔偿"。反观我国相关法律的规定,《消费者权益保护法》第四十九条:"经营者提供商品或者服务有欺诈行为的,应当按照消费者的要求增加赔偿其受到的损失,增加赔偿的金额为消费者购买商品的价款或者接受服务的费用的一倍。"《食品安全法》第九十六条:"生产不符合食品安全标准的食品或者销售明知是不符合食品安全标准的食品,消费者除要求赔偿损失外,还可以向生产者或者销售者要求支付价款十倍的赔偿金。"二者不仅标准不一致,而且惩罚力度也不大,十倍的赔偿金能不能兑现姑且不提,就算兑现,这金额对于商家来说也不过是九牛一毛而已,没有震慑力。因此,不仅要加大推行惩罚性赔偿制度,而且还要追究事故责任人的刑事责任,防止食品安全问题的发生。

二、重塑行为范式,加强诚信教育

中国自古以来就有"礼仪之邦"的美誉,在古代便形成了一套完整的道德体系准则,"诚""信"便是其中重要的内容,涵盖了做人处事的各个方面,也是商业活动的重要准则。但是随着市场经济的发展,经济人取代了道德人,商家受金钱利益的驱使,无视消费者的生命健康,制造了一起又一起的食品安全事故。因此,重塑行为范式,建立食品安全的新秩序,规范商家的行为,不仅要从法律法规上加以制约,而且要从价值理念上加以引导。加强对生产者的诚信教育,树立诚信典型,发挥榜样先锋的作用,以传统诚信思想来引导、教育商家,树立"利以义取""见利思义"的商业诚信观念。同时制定一套完整的商业道德准则,推动伦理道德的制度化、体系化,让道德准则深入人心并自觉外化为行动。

三、保证信息透明,号召全民监督

食品生产中的信息不对称是一种常见现象,食品生产要保证信息的畅通、透明,让消费者能够了解相关信息。例如日本对所有农产品实施可追溯管理模式。日本农业协同组合(简称"农协")下属的各地农户须记录米面、果蔬、肉制品和乳制品等农产品的生产者、农田所在地、使用的农药和肥料、使用次数、收获和出售日期等信息。[①] 同时,超市出售的食品均附有二维码,消费者只需轻轻一扫,关于食品的信息便一目了然。我国要加快推行食品"实名制",建立完整的食品数据库,这样发生食品安全事故时便能迅速地判定是哪个环节出现问题,从而采取有效的应对措施。同时要构建全民共同监督的格局,政府、媒体、老百姓共同监督,让食品安全问题无所遁形。漂白蘑菇是北京一名六年级的小学生张皓调查后发现的。复旦大学三年级研究生吴恒和 34 名志愿者一起花了一个月的时间做了一个《中国食品安全问题新闻资料库》。随后,吴恒又撰写了《易粪相食:中国食品安全状况调查(2004—2011)》与《掷出窗外:面对食品安全危机,我们应有的态度》两篇报告。这些民间行为说明老百姓有自觉参与食品安全监督的意识,而政府所要做的就是将老百姓的

① 新华网. 日本怎样炼成食品安全神话[EB/OL]. [2014 – 06 – 27]. http://news.xin-huanet.com/mrdx/2014 – 06/27/c_133441197. htm.

自觉性和积极性调动起来,给他们一个发出声音的机会,让他们有机会参与到这个监督体系中。同时大众媒体也要发挥自己的舆论监督功能,对食品安全问题不隐瞒,不欺骗,如实报道,深入发掘,尽到媒体人应有的责任。

中国人在历经了愈演愈烈的食品安全问题后,也由最初的心惊胆战变成了淡然处之,甚至还拿自己开涮,笑称:"这年头,不把元素周期表吃个遍,都不好意思称自己是中国人。""我们中华民族才是世界上最强大的民族,吃的是地沟油,喝的是旧皮鞋,吞的是毒胶囊,真是百毒不侵哪。"这一条条段子的背后是普通人的忧国忧民之心,食品安全问题之路漫漫,需要举国上下的一致求索。

第二章　农村发展知多少

——农村发展与稳定

他们是中国人数最多的社会群体,土地是他们赖以生存的命脉,他们勤勤恳恳、善良朴实。他们日出而作,日落而息,忙碌时,他们"才了蚕桑又插田";闲暇时,他们"枕石看云闻鸟音"。他们与大自然紧密相连,他们就是中国传统社会中的农民。如今社会发展,时代变迁,他们的生活又发生了怎样的变化呢?

第一节　农村发展新篇章

"农村"不是狭义的地域概念上的农村,而是广义的农村,即包含社会、经济、技术、自然、文化等丰富内容的综合体,泛指地域范畴的农村、农业、农民。农村发展主要是指依据农村区域的资源(人力、自然、社会、经济资源)潜力,确定综合发展目标并形成发展战略,充分利用有效的方法和手段,引导农村人口在经济、社会、文化、政治、环境等多方面实现区域可持续发展的过程。[①] 党和国家一直将农村发展作为工作的重点,致力于发展农村经济、改善人居环境、提高农民生活水平。经过改革开放

---

① 陶佩君.农村发展概论[M].北京:中国农业出版社,2004:5-6.

以来的多年努力,我国农村发生了翻天覆地的变化。

一、农村经济发展,农民收入增加

年份	农村居民家庭平均每人纯收入(元)	农村居民家庭平均每人工资性纯收入(元)	农村居民家庭平均每人家庭经营纯收入(元)	农村居民家庭平均每人财产性纯收入(元)
2012	7916.6	3447.5	3533.4	249.1
2011	6977.3	2963.4	3222.0	228.6
2010	5919.0	2431.1	2832.8	202.3
2009	5153.2	2061.3	2526.8	167.2
2008	4760.6	1853.7	2435.6	148.1
2007	4140.4	1596.2	2193.7	128.2
2006	3587.0	1374.8	1931.0	100.5
2005	3254.9	1174.5	1844.5	88.5
2004	2936.4	998.5	1745.8	76.6
2003	2622.2	918.4	1541.3	65.8
2002	2475.6	840.2	1486.5	50.7
2001	2366.4	771.9	1459.6	47.0
2000	2253.4	702.3	1427.3	45.0

改革开放前,农村居民年均纯收入不足百元,农村绝对贫困人口数为2.5亿人。1978年,在农村推行家庭联产承包责任制,实行包干到户后,农民自己承包土地,劳动积极性有了很大提高,农村生产力得到解放和发展,农民收入大大增加。20世纪80年代末,随着我国工业化建设,农民开始进城务工,有了额外收入。到了21世纪,随着市场经济的兴起,杂交水稻等现代科技在农业上的推广利用,农村生产力飞速提高,农民收入方式也日益多样化,农村发展进入了新纪元。

随着"三农"政策的出台、农业税的取消,政府采取了种种惠农政策,保证了农村的持续良好发展。2012年,农村居民家庭平均每人纯收入为7916.6元,农村贫困发生率也由1978年的30.7%下降到了2007年的1.6%。

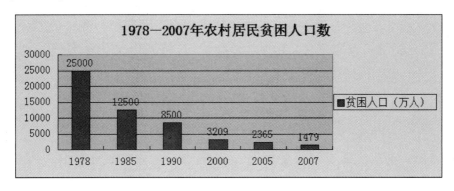

（数据来源：国家统计局网站）

二、发展程序民主,实行村民自治

受封建制度下小农经济和官本位思想的影响,中国农民具有非常浓厚的小农意识,求稳保守,缺乏主动进取的精神。这种意识一直延续至今,中国农民普遍缺乏政治参与意识,重人治轻法治、畏权力轻法律。20世纪80年代,国家开始在农村推行村民自治制度。1982年我国修订颁布的《宪法》第111条规定:"村民委员会是基层群众自治性组织。"强调民主选举、民主决策、民主管理、民主监督。1998年修订通过《中华人民共和国村民委员会组织法》,为实现村民自治,发展农村基层民主提供了法律保障。经过20多年的实践,农村基层民主发展态势良好,农民政治参与的积极性大大提高。

三、建设文化设施,丰富农村文化

新中国成立以来,国家在推动农村经济建设的同时,也加快推进农村的精神文化建设。早在 1991 年,国务院就转文批复,在"八五"期间,要努力做到县县有图书馆、文化馆,乡乡有文化站。根据资金情况,对农村文化事业有重点地给予补助,有效地促进农村文化事业的发展。1995年,国家有关部门联合发文《关于开展组织文化下乡活动的通知》。2003年,文化部、财政部印发《送书下乡工程实施方案的通知》,各级政府积极开展送戏下乡、农家书屋、免费电影等工作,将城市文化资源输送到农村,实现农村文化活动的常态化。同时,中央政府也逐年加大了在农村文化经费上的投入。据文化部统计,2006 年国家对农村文化共投入44.6亿元,比上年增加8.9 亿元,增长 24.9%,年均增长 11.1%,占全国财政对文化总投入比重的 28.5%,比上年增加 1.8 个百分点。[1] 2007 年国家对农村文化共投入 56.13 亿元,比上年增加 11.53 亿元,增长 25.9%,年均增长 12%。[2] 在国家政策和财政的支持下,农村文化事业蓬勃发展,农民精神文化生活日益丰富多彩,农村文化和经济协调并进。

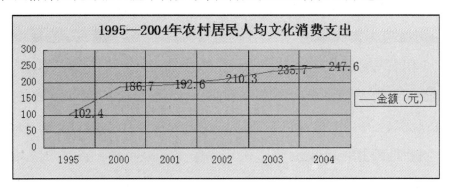

（数据来源:国家统计局编《中国统计年鉴:2005》,中国统计出版社,2005。）

---

[1] 郭斌. 关于新农村文化建设创新的探讨[J]. 价值工程,2011(1):3.
[2] 2007 年农村和西部文化投入有所增加[N]. 中国文化报,2008 - 08 - 15(1).

第二节　农村发展的困境

改革开放 30 多年来,农村旧貌换新颜,农民生活有了很大改善。但是随着改革进入了攻坚区和深水区,国家相关政策有所调整,各种利益矛盾日渐凸显,过去一些隐性问题逐渐浮出水面,成为农村良性发展道路上的绊脚石,要想迈上康庄大道,就必须从困境中脱身。

一、农村劳动力流失

城市化是一个国家工业化、现代化进程中不可规避的一个历史过程。1978 年,农业劳动力有 2.85 亿人,占全社会劳动力的 70.9％,占农村劳动力的 92.9％。随着我国城市化进程的不断加快,农村劳动力开始大规模地涌向城市。2004 年,农村劳动力迁移数量首次超过 1 亿人,占农村劳动力总量的 20.6％。[①] 农村劳动力转移的直接影响是农业劳动力的流失,外出务工的多为青壮年,平均年龄在 30 岁左右,40 岁以下的占了农村迁移劳动力总人数的 84.5％。劳动力的流失导致了大量土地被弃耕抛荒。在湖北省滨湖村,2008 年全村耕地撂荒面积达 40％以上,并且还存在"隐性撂荒"现象,本来可以种植双季稻的水田,一半以上都只种了单季稻,这严重影响了我国粮食安全和农业生产。

向城市转移的农村居民多为受过良好教育的青年,他们向往大城市多姿多彩的生活,不愿待在农村埋头耕作。这些农村精英的离开不仅造成了农村"空心化",同时由于这些较高素质的人的离开,农业新技术在

157

---

① 　宋洪远.农村改革三十年[M].北京:中国农业出版社,2009:456 - 458.

农村难以普及,影响了农业产业化和现代化进程,不利于农村建设发展。

虽然农村劳动力大量迁移,但是由于城乡二元体制的影响,他们大多为候鸟式的迁移,并没有举家搬迁,由以老、弱、病、残、幼为主体构成的农村"留守族"就这样悄悄形成。根据《中国 2010 年第六次人口普查资料》样本数据推算,全国有农村留守儿童 6102.55 万,占农村儿童人数的 37.7%,占全国儿童人数的 21.88%。与 2005 年全国 1% 抽样调查估算数据相比,5 年间全国农村留守儿童增加约 242 万。① 据民政部 2013 年 9 月 20 日公布的数据,目前,我国农村老龄化水平平均高于城镇 1.24 个百分点,其中农村留守老人数量已近 5000 万。由于家庭主要成员的长期缺失,家庭功能不完整,由此带来了亲情失落、儿童教育、农村治安等一系列社会问题,仅 2015 年,贵州省毕节市就发生了两起留守儿童死亡事件。同年 3 月,安徽宿州市一位留守奶奶去世竟无人知道,被发现时鼻子、耳朵里都是已干的血块,身旁一名 1 岁半的孙女也已经奄奄一息。同年 10 月,江苏一名 3 岁的留守儿童误将泻药当糖果,吞食了 95 颗泻药,导致双目失明、无法站立。这些接二连三的惨剧折射出的是留守一族的艰难处境,他们就像生活在孤岛上的群体,不为外界所知,只有当惨剧发生时,人们才会讶异竟然还会有如此颠覆认知的事情。但如果只是讶异而没有行动,那么悲剧将永远不会停止。

二、农村土地流转新问题

我国农村土地分为承包地、宅基地、集体建设用地和国家建设征地四种类型。我国自改革开放以来实行家庭联产承包责任制,"包干到

---

① 全国妇联.我国农村留守儿童、城乡流动儿童状况研究报告[R/OL].[2013-05-10].http://acwf.people.com.cn/n/2013/0510/c99013-21437965.html.

户",在第一轮土地承包15年期限到期后,政府又延长土地承包期30年不变。2002年,《中华人民共和国农村土地承包法》出台,明确规定耕地的承包期为30年,草地的承包期为30年至50年,林地的承包期为30年至70年。但是期限的延长并不意味着农民的权益得到了保障。随着农村人口流动,承包土地被频频调整,据农业部调查,1978年至1995年期间,95%的农村承包田至少被调整过1次,所有地块平均被调整过3.1次[①],加上多数农民都没有书面的土地承包合同,土地调整后容易引发权益纠纷,影响农村稳定。同时由于土地承包权的不稳定,农民在使用土地时往往只考虑短时期的最大效益,过度耕作,过量使用化肥,这些都破坏了土壤,导致水土流失。

相比于城市建设用地使用权的流转,农村的集体建设用地使用权流转完全是非市场化的。国家首先将农村集体所有的土地征收为国家所有,然后按照市场化运作,将建设用地使用权进行流转。[②] 由于城市化和工业化发展的需要,这些农用土地大多转为非农用途,全国每年至少有300万农民成为失地农民。据有关数据显示,现在累计的失地农民已达4000万—5000万,其中完全失去土地、没有工作的农民至少在1000万以上,占失地农民的20%以上。征地补偿标准过低,农民没有足够的生活保障,加上失去土地,没有收入来源,得不到合理安置,很容易引发群体行为,影响农村社会稳定。据调查显示,60%的群体性上访事件与土地有关,土地纠纷上访占社会上访总量的40%,其中征地补偿纠纷占到

踏进社会 迈向成熟 第四篇

---

① 郑黎芳.和谐社会与新农村建设[M].上海:上海大学出版社,2007:63.
② 杜珊.城镇化进程中农村土地流转问题研究[D].山西:山西财经大学.2014:26.

土地纠纷的 84.7%,每年因征地拆迁引发的纠纷有 400 万件左右。①

三、农村生态系统失调

近年来,农村发展中的农业污染、工业污染和生活污染并存,影响了村容村貌,危害了居民身体健康。农业污染主要是由粗放的生产方式引起,大量使用农药和化肥引起了生态系统的失调,造成了土壤和水源污染。一些乡镇企业没有污染物处理系统,随意排放废弃物,资源消耗高、利用率低,给农村环境带来了很大影响。2002 年的福建榕屏化工厂污染事件、2006 年的白洋淀死鱼事件、2009 年的浏阳镉污染事件均是由工业污染引起的。同时,由于农村居民生态意识不强,不注意生活垃圾的堆放,导致农村生活垃圾污染严重。

四、农村基层腐败滋生

据民政部印发的《2013 年社会服务发展统计公报》显示,截至 2013 年年底,基层群众自治组织共计 68.3 万个,其中:村委会 58.9 万个,村民小组 466.4 万个,村委会成员 232.3 万人。"郡县治,天下安",基层干部作为支撑党和国家事业的基石,是党的路线方针政策在基层的推动者、践行者、引领者。但是近年来,农村基层干部贪污腐败的事件层出不穷,一些基层干部禁不住利益的诱惑,以权谋私,走上了违法犯罪道路。"小官巨腐"是农村基层干部腐败的一个重要特点,多起案件涉案金额超过千亿元。北京市顺义区李桥镇原党委书记、镇长李丙春,利用职权贪污拆迁款达 3800 余万元、挪用公款 1.78 亿余元,贪腐数额达到 2 亿元;

---

① 新华网. 群体上访 60% 与土地有关专家:现行土地制度不可持续 [EB/OL].
[2013 - 10 - 14]. http://news. xinhuanet. com/politics/2013 - 10 - 14/c_125528596. htm.

中山市火炬开发区宫花村 3 名村干部在 10 多年时间里,鲸吞征地补偿款高达 1.27 亿元。这些官员权为己所用,利为己所谋,以侵占农民利益来中饱私囊,破坏了农村党群关系和干群关系,影响了农村社会稳定。

第三节 维护农村社会稳定 加快农村经济快速发展

当前农村社会正处于转型期,机遇与挑战并存,如何抓住机遇、应对挑战,实现农村的可持续发展,是政府和国家工作的重中之重。而农村社会的稳定是农村发展的前提和基础,在新形势下,要坚持统筹城乡发展一体化的大格局,发展现代农业、加快土地改革、完善基层民主、改善农村民生,为农村发展创造一个稳定良好的社会环境。

一、坚持统筹城乡发展格局,构筑农村社会稳定发展的基本框架

传统的城乡二元对立的影响现在依然存在,城乡发展不均衡,农村资源向城市单向流动,农村社会事业发展缓慢,社会保障体制不健全,这些都可能造成农村社会的不安和动荡。农村社会稳定发展的基石就是坚持城乡发展一体化,在统筹城乡发展一体化的大格局下,农村才能迈入良性发展的轨道,实现又好又快的发展。国家要加快完善城乡发展一体化体制机制,消除城乡二元对立的影响,加快建立城乡要素自由流通,公共资源均衡配置,城乡居民平等享有改革开放成果的新格局,形成以工促农、以城带乡、工农互惠、城乡一体的新型工农、城乡关系,实现城乡共同繁荣与进步。

二、全面推进现代农业建设,奠定农村社会稳定发展的经济基础

农民增收是农村发展的核心目标。传统农业劳动生产率低,投入和产出不成正比,销售渠道单一,农产品收购价格低廉。即使有农业补贴,务农收入仍然不及外出打工收入多,这导致了农村"空心化"、农业发展阻滞。全面推进农业现代化建设,加大财政支农的投入,促进农业产业转型升级。转变传统的粗放密集型耕作方式,加大现代科技在农业生产中的应用,提高农业综合生产能力。积极发展多种形式适度规模经营,提高农民组织化程度,培育家庭农场、产业化龙头企业等新型土地经营主体。同时利用"互联网 + "整合农业资源,推行农业"O2O"模式,拓展农产品销售渠道,实现生产和销售的无缝对接,增加农民收入。

三、完善农村基层民主制度,夯实农村社会稳定发展的政治基础

首先,推进农村基层民主制度建设的核心是村民自治。优化居民通过选举参与农村事务决策的渠道,引导居民有序地参与农村事务管理,提高村民的政治参与度。保证民主选举的公开公正透明,防止民主选举的形式化。其次,建设一支高素质的农村基层干部队伍。近年来,农村基层"苍蝇式"腐败不容忽视。某基层检察院 2006 年至 2010 年,共立案查处贪污贿赂案件 38 件 39 人,其中查办农村基层干部贪污贿赂案件 19 件 19 人,占查办案件数的 50% ,这不仅严重损害了党和国家的威信,也影响了农村的党群关系和干群关系。因此,国家要加强农村党建工作,加强对基层干部的教育和监管力度,提高农村基层干部队伍的整体素质,营造一个良好的农村政治生态环境。

四、加强农民文化道德教育,筑牢农村社会稳定发展的思想基础

如今的农村不仅仍然存在着封建迷信活动和不良的风俗习惯,加上受到了外来思潮的冲击,农村居民的价值取向多元化、复杂化,金钱至上、亲情关系淡漠、崇拜权贵,这些错误思想都在影响着农村社会的稳定和发展。因此,加强对农民的文化道德教育,提高农民的文化水平,对于树立农村新乡风、新气象具有重要意义。

关注留守儿童的教育问题,继续推进普及九年制义务教育,加快农村师资队伍的建设,设计适应农村教育发展需要的学制和课程。在发展普通教育的同时,大力发展农村职业教育和成人教育,培育有文化、高素质的农民。

加强对农民的思想道德教育是农村文化教育的一个重要方面,长期以来,思想道德教育存在着内容空泛、形式单一等弊病,这就导致了对农民的思想政治教育收效甚微。因此,农村思想道德教育要贴合实际、言之有物。例如可以结合当地优秀的传统民俗文化来开展教育活动,深入寻找在农村具有正面影响力的人和事,树立典型,加强宣传教育。

随着十八届五中全会的召开,全面建成小康社会的第一个百年目标也进入了关键的决胜阶段。而广袤的农村地区作为全面建成小康社会的短板,更是应该作为党和国家工作的重中之重。我们应该秉承创新、协调、绿色、开放、共享的发展理念,推动农村发展走上新台阶。

第三章　贫富差距谁之过?

——贫富差距与共同富裕

　　2000 多年前,杜甫愤然写道:"朱门酒肉臭,路有冻死骨。"并发出了"安得广厦千万间,大庇天下寒士俱欢颜"的呼吁。他没有想到,千年之后,我们仍在发出同样的叹息、同样的呼喊。2009 年 10 月 28 日,深圳市西乡交警中队西乡片区警长陈录生在酒楼应酬时,因喝了大量洋酒轩尼诗而醉亡。据悉,每瓶洋酒价格在 2000 元以上。① 2009 年 12 月 17 日,一位外来民工因气温骤降,冻死在南京市雨花台区安德门地铁站高架桥下。据悉,每天晚上都有大量外来民工睡在这里,有一个民工已经病了 20 多天,如果再不及时救治,也只能等死了。② 人固有一死,有人醉酒身亡,有人活活冻死,真是莫大的讽刺。

　　有着"LV 女王"时尚头衔的辽宁抚顺市政府原副秘书长江润黎,专门有座 190 平方米的宅子用来存放奢侈品,存放包括 48 块劳力士等名牌手表、253 个 LV 等名牌手提包、1246 套高级名牌服饰和 600 多件金银

---

　　① 深圳警长赴宴豪饮洋酒当场醉死　警队拟为其申报烈士[EB/OL]. [2009 - 12 - 14]. http://china. huanqiu. com/roll/2009 - 12/659277. html.

　　② 民工露宿南京高架桥下疑因气温骤降被冻死[EB/OL]. [2009 - 12 - 18]. http://news. qq. com/a/20091218/000205. htm.

首饰,总价值超过 420 万元。① 而对于四川大凉山四年级学生木苦依五木来说,只要一个零头,便可以还她一个健康的妈妈。木苦依五木在作文里写道:"爸爸四年前死了……妈妈病了,去镇上,钱没了,病也没好……饭做好,去叫妈妈,妈妈已经死了。"这篇题为《泪》的作文不足四百字,却满含辛酸苦楚,让人落泪叹息。这篇作文在网上曝光后了引起了巨大的震动,被网友称为"世界上最悲伤的作文"②。一边是豪掷千金、财大气粗的土豪们,一边是家徒四壁、缺衣少食的穷人。中国式贫富差距究竟怎样呢?

第一节　贫富差距及其测度方法

一、贫富差距的内涵

贫富差距,是指在特定的区域和时段内,在一部分较为富有的居民(家户)和一部分与前者数量相同的较为贫穷的居民(家户)之间,依照一定的规则,在对他们的平均收入和平均财产进行比较的基础上所计算出来的特定比例关系、系数或差额等。③ 贫富差距包括收入差距、财富差距和生活水平差距三个方面。收入差距是一个流量概念,指一定时期内人们获得货币收入的差别,收入包括劳动报酬性收入、津贴收入、转移性支付收入等类型,收入差距是一个正常的现象,适度的收入差距可以提高人们的积极性,增强社会活力。财富主要包括不动产、金融资产和耐

---

①　官员的宝贝:抚顺女官用 190 ㎡宅子存放奢侈品[EB/OL]. [2012 – 09 – 17]. http://business. sohu. com/20120917/n353295313. shtml.

②　"最悲伤作文"作者四川凉山姑娘木苦依五木:家徒四壁属实[EB/OL]. [2015 – 08 – 06]. http://www. mnw. cn/news/shehui/958099. html.

③　李小丽. 中国贫富差距问题研究[M].哈尔滨:黑龙江教育出版社,2008:27.

用消费品等,财富差距是一个存量概念,指一定时间点上人们占有的有形资产和金融资产量的差别。生活水平差距是指在一定时期内人们用于物质和文化生活消费上的差别,是一个支出概念。收入差距随着时间累积会影响到财富差距,两者共同决定了生活水平差距。三者相互影响,共同构成了贫富差距,因此我们可以说,贫富差距是一个综合概念,反映在物质财产、社会地位、精神财富、生活方式等多个方面。一个社会的贫富差距主要是由财富差距决定,收入差距和生活水平差距是贫富差距的表现。

二、贫富差距与两极分化

最早的"两极分化"属于阶级范畴,指在私有制商品经济条件下,不断从小商品生产者中产生少数脱离劳动的资本家和大量出卖劳动力的雇佣劳动者这样两个极端的趋势。从社会学范畴上讲,两极分化是指不同社会阶层生活水平和收入水平的变化趋势。贫富差距不一定是两极分化,当贫富差距达到一个临界点时,量变产生质变,就发生了两极分化。因此,从定性角度来说,两极分化是指社会财富越来越集中在极少数富人手中,中产阶级的数量急剧减少,贫困者数量愈益庞大。社会形态不是金字塔形,而是呈沙漏状,即马太效应所提出的:"穷的越穷,富的越富。"

三、贫富差距的测度方法

1. 基尼系数

关于贫富差距的度量,我们耳熟能详的应该是基尼系数。基尼系数是由意大利经济学家基尼于 1922 年提出的,用来考察居民内部收入分配差异状况。基尼系数具体指在全部居民收入中,用于进行不平均分配的那部分收入所占的比例。其数值介于0—1之间,0表示收入分配绝对平均,1表示全部收入被一个单位人占有。联合国组织规定:一个国家的基尼系数低于0.2,收入绝对平均;0.2—0.3,收入比较平均;0.3—0.4,收入相对合理;0.4—0.5,收入差距较大;0.5以上,收入差距悬殊。国际根据黄金分割率将0.4作为收入分配差距的"警戒线",一旦超过0.4,说明收入分配差距已经很大,需要及时采取措施。

改革开放以来,我国在经济增长的同时,基尼系数也在不断扩大。2013年,国家统计局首度公布了中国近10年的基尼系数,2003年0.479、2006年0.487、2008年0.491、2009年0.490、2012年0.474,远远高于发达国家和大多数发展中国家。

2. 恩格尔系数

恩格尔系数是指食品消费支出占个人总消费支出的比重。当一个家庭收入越低,食品消费支出占总支出的比例就越大。随着家庭收入的增加,食品消费支出在总消费支出中所占的比重就会越来越小。根据联合国的标准,恩格尔系数达59%以上为贫困,50%—59%为温饱,40%—50%为小康,30%—40%为富裕,低于30%为最富裕。1978年,我国城镇居民家庭恩格尔系数为57.5%,农村居民家庭恩格尔系数为67.7%。2012年,城镇和农村居民家庭恩格尔系数分别为36.2%和39.3%,说明我国经济飞速发展,人们生活水平有了很大提高。

3. 库兹涅茨曲线

库兹涅茨曲线,是由美国经济学家库兹涅茨于1955年提出的。命题认为,在经济未充分发展阶段,收入分配会随着经济发展而不平衡,在经过短暂稳定达到经济繁荣时,收入分配又会趋向平衡,用图形表示就是一个倒"U"形,所以库兹涅茨曲线又称为倒 U 曲线。

4.等分法测定

等分法是度量贫富差距的最简单直观的方法。按人口财富占有量,将一个国家或地区的人口平均分成几个部分,考察每个部分人口拥有财富占国家总份额的比例。通过比较,我们可以了解富人阶层和穷人阶层的财富是否悬殊,贫富差距是否过大。

用五等分法测量一些国家的收入分布

(1994—1995 年,世界银行发展报告)

人口分为五组	巴西	中国	印度	印度尼西亚	菲律宾	美国	瑞典	丹麦
最低的 1/5	2.5%	5.5%	9.2%	8.4%	5.9%	4.8%	9.6%	9.6%
次低的 1/5	5.7%	9.8%	13.0%	12.0%	9.6%	10.5%	14.5%	14.9%
中间的 1/5	9.9%	14.9%	16.8%	15.5%	13.9%	16.0%	18.1%	18.3%
次高的 1/5	17.7%	22.3%	21.7%	21.0%	21.1%	23.5%	23.2%	22.7%
最高的 1/5	64.2%	47.5%	39.3%	43.1%	49.6%	45.2%	34.5%	34.5%

第二节 贫富差距的表现

随着经济的飞速发展,我国贫富差距也越来越大。从中国国家统计局公布的数据来看,中国最富裕的 10% 的人口占有全国财富的 45% ,而最贫穷的 10% 的人口仅占有全国财富的 1.4% 。2008 年,全国收入最高的 10% 的家庭与全国收入最低的 10% 的家庭的人均收入相差了 65 倍!通过网络调查发现,84.6% 的人认为目前的贫富差距让人不能接受。目前,我国贫富差距主要表现在城乡差距、地区差距、行业差距三个方面。

一、城乡差距

虽然我国经济发展、社会进步,但是由于传统的城乡二元体制的影响,长期以来,城市发展较快,农村发展步伐缓慢,城乡差距明显。首先在居民收入方面,据国家统计局数据,我国城镇居民人均收入一直是农村居民的 3 倍左右,如果算上各种福利津贴,城乡居民收入差距将达到 5 到 6 倍。

我国城乡居民人均收入比较(2004—2014 年)

年份	2014	2013	2012	2011	2010	2009	2008	2007	2006	2005	2004
城镇居民人均收入(元)	28844	26955	24565	21810	19109	17175	15781	13786	11760	10493	9422
农村居民人均收入(元)	10489	8896	7917	6977	5919	5153	4761	4140	3587	3255	2936

(数据来源:国家统计局网站)

其次是生活水平的差距。2012 年,农村居民家庭平均每人消费支出 5908 元,其中,基本的衣食住消费支出为 3806 元,占 65% 左右,文教娱乐消费支出仅为 445 元,仅占 7.5%。城镇居民家庭人均现金消费支出为 16674 元,文教娱乐服务消费支出 2034 元,占 12%。低收入导致农村居民没有闲钱来开展文娱活动,从 2000 到 2010 年的 10 年间,农村居民家庭恩格尔系数一直居高不下,均为 40% 以上。而在我国一些贫困山区,吃肉都是一件奢侈事儿。四川大凉山区乡马依村村民尔日书进家的床铺是一块木板搭在四摞砖头上。锅里的土豆就是一家人的午餐,大米每 10 天逢集时才能吃到;肉一年最多吃 3 次,500 人的村庄只出了一名高中生,未上学的适龄儿童有上百人。

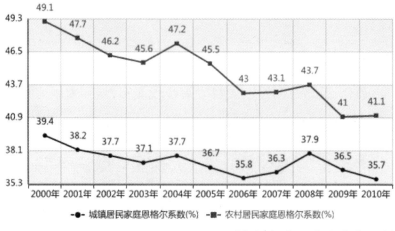

（数据来源：国家统计局网站）

二、地区差距

我国幅员辽阔，地域差异明显，不同地区因为资源环境不同，其发展速度也不尽相同。改革开放推动了沿海城市经济的飞速发展，与内陆城市迅速拉开差距。为了解决我国地区发展不平衡、地区差异扩大的问题，我国在 20 世纪末相继提出了西部大开发、中部崛起、振兴东北老工业基地等区域发展战略。随着战略的提出和推行，我国地区差异问题有所缓和，但依然严峻。以东三省为例，2014 年，黑龙江、吉林、辽宁三省 GDP 增速分别为 5.6%、6.5%、5.8%，位居全国倒数第二、第五和第三。2015 年上半年，辽宁、黑龙江、吉林三省财政收入增速分别为 −22.7%、−19% 和 0.9%，东北经济全面告急，昔日"中国工业的摇篮"辉煌不再，面对如此惨淡的局面，李克强总理毫不讳言："你们的数据让我感到'揪心'啊！"①

————————

① 新浪网. 东北怎么了？数据让李克强连喊"揪心"[EB/OL].[2015 – 04 – 20]. http://news. sina. com. cn/zl/zatan/2015 – 04 – 20/18173586. shtml.

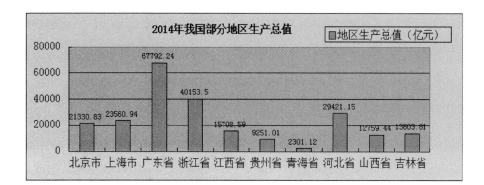

三、行业差距

除了地域间的差异，不同行业内部也存在着差距。我国计划经济体制时期，一切都在计划中，工资收入受计划控制，生活用品也凭票供给。人们的收入没有多大差别。随着市场经济体制的建立，分配制度以按劳分配为主，多劳多得，收入差距开始明显拉开。不同行业由于其性质、效率不同，职工收入也不同。垄断性行业的工资比普通行业要高出74%。根据国家统计局发布的2014年全国不同行业平均数据显示，非私营单位最高行业和最低行业平均工资比为3.82:1，私营单位最高行业和最低行业平均工资比为1.90:1。

2014 年全国不同行业年平均工资（元）

	金融业	信息传输业	科学研究业	水利环境业	住宿餐营业	农林牧渔业	居民服务业
私营单位	41553	51044	47462	33847	29483	26862	30580
非私营单位	108273	100797	82220	39198	37264	28356	41882

每年的年终岁末都是网友们"晒"福利的时候，有人晒出了几块肥皂、几袋大米，有人晒出了让人艳羡的"奔驰""iPhone6""捆绑百元大

钞",从年终奖、公积金、交通补贴到带薪休假、福利分房,这些隐性福利已经成为行业差距扩大的一个重要推手。新预算法正式实施后,94 个中央机关单位首次公开了 2015 年度部门预算,83 个部门工资福利支出总额达到 918.2 亿元,占这 83 个部门基本支出总额的 60%。也就是说,83 个部门的基本支出中,6 成用来发放工资福利。此外,部门人员"奖金"总额为 18.19 亿元;社保缴费总额为 57.84 亿元;其他福利支出总额为 60.98 亿元。难怪网友惊呼:"在福利差距面前,基本工资差距简直不值一提!"①

第三节　正确看待和理解贫富差距

贫富差距是一个正常普遍的现象,每个国家都会有不同程度的贫富差距。我们也不用闻之色变,觉得贫富差距就是坏的、不好的。但是,一旦贫富差距扩大,超过了规定的度,就会对社会稳定、经济发展带来不良影响。

一、贫富差距扩大的危害

1.阻碍了经济发展

贫富差距扩大最直接的影响就是阻碍了经济的发展。贫富差距扩大导致了高收入者和低收入者的消费差距拉大,低收入者囊中羞涩,想买却不能买,拉低了居民消费水平。而对于高收入者而言有两种情况:一种是占有财富多,但消费需求不高;另一种是消费需求过大,当国内生

---

① 新华网.中央 83 部门首次公开工资福利支出[EB/OL].[2015 - 04 - 18].http://news.xinhuanet.com/yuqing/2015 - 04/18/c_127704645.htm.

产需求不能满足其消费需求时,他们会转向国外,造成了收入的外流。由世界奢侈品协会发布的 2011 年"黄金周"中国境外消费报告显示,2011 年国庆 7 天时间,中国人出境(包括港澳台地区)消费奢侈品累计约 26 亿欧元(约合人民币 240 亿元)。2015 年国庆期间,赴日旅游的中国游客多达 40 万人,在日本消费总额约为 1000 亿日元(约合人民币 52 亿元)。长此以往会导致内需不足,生产过剩,从而影响了经济发展。

2. 影响了社会稳定

社会稳定是一个国家或地区正常运转的重要保证。贫富差距扩大,贫困人口数量增加,将会引发一系列社会问题。贫穷不是犯罪的必要条件,但有时,身处绝境无路可走时,会因为贫穷而丧失理智,从而走上了违法犯罪的道路。2005 年,福建一名大学生家境贫寒,为凑足学费入室盗窃,盗窃总价值共达 8775 元,后携赃物自首。同时由于贫困人口数量增加,个体行为可能会演变为大规模的群体行为,据全国总工会统计,2012 年 1—8 月,全国共发生围绕工资纠纷的规模在百人以上的集体停工事件 120 多起;发生在 19 个省,规模在 30 人以上的有 270 多起。

3. 扭曲了社会心理

美国经济学家刘易斯曾指出:"分配的变化是发展进程中最具有政治意义的方面,也是最容易诱发妒忌心理和社会动荡混乱的方面。"[①]在中国,富人"炫富",穷人"仇富"已经成为常见问题。有钱有权成了衡量一个人是否成功的主要标准。富人通过夸耀式的炫富来获得他人的艳羡,提升自己的社会地位,获得社会名望,从而满足自己的虚荣心。一般来说,"仇富"心理不是仇恨富人,而是仇视"为富不仁"或者通过不正当

① 高佳. 当前我国贫富差距问题探析[D]. 镇江:江苏大学. 2007:25.

手段富起来的富人,可以说,这是均富贵状态被打破后而衍生出来的产物,但是一旦这种心理长期积累,很容易走向极端。药家鑫案件发生后,关于他是"富二代"的传言铺天盖地,人们义愤填膺,强烈要求严惩凶手,其实药家鑫家只是普通人家。对富人阶层的消极印象加剧了阶层间的矛盾和对立,同时这种失衡的心理一旦生根发芽,长成"参天大树",就会对社会产生危害。32 岁的河南省农民艾绪强因为受了太多不公平待遇而产生了报复社会的念头,2005 年 9 月 11 日,在抢劫出租车杀死司机后,他驱车冲入王府井大街肆意冲撞行人,致 3 死 7 伤。他选择王府井是因为"王府井是中国最繁华的中心,是富人聚集的地方",庭审时,艾绪强说:"我对这些富人很不满,因为他们的存在让我们穷人无法生存。我只能选择在那里与那些富人同归于尽。"

二、缩小贫富差距

1. 坚持公平正义原则,大力改善社会民生

党的十八大报告明确提出:公平正义是中国特色社会主义的内在要求,要坚持维护社会公平正义。解决贫富差距扩大问题的首要原则就是坚持公平正义。当前造成贫富差距扩大的主要原因是因为在诸多领域存在不公平现象。当灰色收入、权力"寻租"、金钱教育等已经成为社会普遍现象,"勤劳致富""一分耕耘一分收获"不再是人们信奉的价值准则时,社会就极易走向混乱,失序。因此,解决贫富差距扩大,政府要时刻秉承公平正义的原则,释放积极向上的信号。

2. 调整优化产业结构,促进经济稳步前进

经济发展是解决贫富差距扩大的根本。我国经济发展现在进入新常态,增长速度由高速增长调整为稳中求进发展,经济结构优化升级,从

要素驱动、投资驱动转向创新驱动,经济发展方式由传统的追求数量的粗放式转向以质量为主的集约式。因此,要抓住经济发展的新特点,发现改善贫富差距扩大的新契机。调整优化产业结构,构建现代产业发展新体系,发展新兴产业,刺激消费,扩大内需,创造更多的就业机会。协调区域间发展,继续加大对中西部及东部的政策和经济投入,缩小贫富差距,实现平衡性发展。

3. 加强政府宏观调控,完善收入分配体制

调整国民收入分配格局,初次分配和再分配都要兼顾效率和公平,再分配更要注重公平。提高居民收入在国民收入分配中的比重,提高劳动报酬在初次分配中的比重。完善劳动、资本、技术、管理等要素按贡献参与分配的初次分配机制。加大再分配调节力度,加快健全以税收、社会保障、转移支付为主要手段的再分配调节机制。[①]

完善收入分配体制,深化企业和机关事业单位工资制度改革,提高收入分配的透明度,加大对隐性福利的调节和监管。多渠道增加居民财产性收入,发挥税收在财产分配中的调节作用,保护合法收入、调节过高收入、取缔非法收入、增加中低层收入者收入。[②] 努力实现居民收入增长和经济发展同步、劳动报酬增长和劳动生产率提高同步。

4. 正确认识贫富差距,推动社会和谐发展

对于人民大众而言,不以偏概全,树立正确的贫富观是非常重要的。人们对于贫富差距的感知主要建立在社会新闻信息接收的基础上,普通

———————————

　① 本书编写组.十八大报告及新党章知识竞赛 500 题[M].北京:中国方正出版社,2013:210.

　② 本书编写组.十八大报告及新党章知识竞赛 500 题[M].北京:中国方正出版社,2013:210.

民众作为信息传递过程中的受众,缺乏分析明辨信息真假的能力,很容易被不实报道误导,加深对贫富差距的偏见。因此政府要密切关注中低层收入者的群体心态,引导他们形成正确的贫富观。同时大众媒体要做好舆论引导工作,倾听民众心声,找出根源,及时有效地找到疏通社会消极心态的路径方法。

孔子有云:"丘也闻有国有家者,不患寡而患不均,不患贫而患不安。盖均无贫,和无寡,安无倾。"①意思是大家都不担心贫穷,而是担心财富分配不均。如果分配合理,国家也就安定了。我国现在正处于改革的深水期,需要有稳定的社会环境来保证改革的顺利推进,贫富差距扩大问题是影响社会稳定的关键,必须慎重对待,刻不容缓。

---

① 梁海明.论语[M].太原:山西古籍出版社,2000:213.

第四章　青山绿水能永续吗？

——生态文明与环境保护

近几十年，我国经济高速发展，人们生活水平显著提高，但是随之而来的是愈益严重的环境问题，治理步伐赶不上污染速度，生态环境总体呈下滑趋势。同时，环境问题带来的经济损失也是不可估量的。据统计，我国每年水污染对工业、农业和人体健康等方面造成的经济损失约2400亿元。为整治土壤污染而展开的防治行动也将耗资数十亿元。面对我国严峻的生态环境形势，党的十七大提出了建设生态文明的战略目标，十八大将生态文明建设纳入"五位一体"总体布局，2015年5月，《中共中央、国务院关于加快推进生态文明建设的意见》发布，9月，中共中央、国务院印发了《生态文明体制改革总体方案》，我国生态文明建设逐步走上了顶层设计和实践探索相结合的道路。

第一节　生态文明和生态文明建设

一、生态文明

生态文明内涵丰富，是一个综合性概念，全面理解生态文明的概念有助于更好地理解我国的生态文明建设。生态文明有广义和狭义之分。广义的生态文明是继农业文明、工业文明后出现的文明形态，是人类文明发展的一个新阶段。是人类遵循人与自然和谐发展规律,推进社会、经济和文化发展所取得的物质与精神成果的总和;是指以人与自然、人与社会、人与人和谐共生、全面发展、持续繁荣为基本宗旨的文化伦理形态。① 狭义的生态文明则是指人与自然和谐发展所取得的成果。

二、生态文明建设

生态文明建设是人类在社会发展过程中,采取各种手段克服发展中的负面效应,实现人与社会、人与自然、人与人之间的和谐发展,建立良好的生态环境和发展机制的过程。生态文明建设贯穿于经济建设、社会建设和文化建设各个方面,包括了生态文明理念、生态文明的法律法规、生态文明的机制建设等各个方面。

第二节　生态文明建设的成果与困境

一、生态文明建设的必然性

我国生态文明建设是应对我国资源短缺局势的必然要求。目前我国经济发展与资源供给间的矛盾日益突出,加上资源利用率偏低、资源保护环境机制的不健全,我国资源短缺的形势越来越严峻。2007 年,我国三分之二的城市存在供水不足问题,人均土地面积不到世界平均水平的三分之一,森林覆盖率为 13.9%,仅为世界平均值的二分之一。生态文明建设坚持节约优先、保护优先,提高资源的利用效率和效益,能有效缓解我国资源紧张的局面。

①　黄国勤.生态文明建设的实践与探索[M].北京:中国环境科学出版社,2009:3.

我国生态文明建设是我国经济转型的必由之路。长期以来我国经济发展以传统的粗放型为主,经济的高速增长有赖于资源的高消耗和资本的高投入,随着我国经济发展呈现新常态,这种增长方式的弊病渐显,转变经济发展方式迫在眉睫。建设生态文明,发展绿色环保产业,大力发展循环经济,建设节约型社会,实现经济的可持续发展是契合我国现状的道路。

我国生态文明建设是顺应人类文明进步的必然选择。工业革命的兴起标志着人们进入了工业文明时代,人与自然的矛盾也日益凸显。随着人们对自然破坏的日益加剧,也尝到了自己种下的恶果。马斯河谷烟雾事件、伦敦大烟雾、洛杉矶光化学烟雾事件,这些环境污染事件均造成了不同程度的人员伤亡。人们开始反思自己的行为和生存模式,在这样的情形下,生态文明建设成了世界大部分国家的共识。

二、生态文明建设的成果

1. 战略方针的完善

我国党和政府一直关注我国环境的发展和保护,以马克思主义思想为指导,结合我国生态建设的实际,与时俱进,不断进行理论上的创新。1997 年,党的十五大报告把可持续发展确定为国家发展战略。2007 年,胡锦涛同志在十七大报告中提出要深入落实科学发展观,走中国特色的新型工业化道路的概念;2012 年,党的十八大做出"大力推进生态文明建设"的战略决策,把生态文明建设纳入中国特色社会主义事业"五位一体"总布局。以习近平同志为总书记的新一届中央领导集体,结合新的实践和需要,对生态文明建设做出了总体部署。

2. 生态环境的改善

近年来,我国采取了一系列措施来改善生态环境,如"三北"防护林、天然林保护、退耕还林、京津风沙源治理等重点生态工程。我国的环境污染和生态破坏的趋势得到有效遏制,突出的环境问题得到解决。2012年我国单位国内生产总值能耗比 5 年前下降 17.2%,化学需氧量、二氧化硫排放总量分别减少 15.7% 和 17.5%;全国万元工业增加值用水量比 10 年前减少一半以上;全国城市污水处理率提高到 87.3%,火电脱硫比例提高到 90% 以上。

3. 生态法规的制定

我们的祖先一直以来就很重视环保问题,世界上最早的"环保治国"理念是荀子提出来的,舜所设的"虞",是世界上最早的"环保部"。对于破坏环境的行为也是严惩不贷。《管子·地数》中有这么一说:"有动封山者,罪死而不赦。有犯令者,左足入,左足断;右足入,右足断。"《韩非子·内储说》记载:"弃灰于公道者断其手。"将垃圾倒在街道上将会被砍手。新中国成立以来,我国关于环境保护的法律条令也越来越完善。2014 年党的十八届四中全会提出加快建立生态文明法律制度,4 月 24 日,十二届全国人大常委会第八次会议表决通过了《环保法修订案》,并从 2015 年开始施行,11 月 12 日,中美双方在北京发表《中美气候变化联合声明》,中国明确碳排放峰值时间表。2015 年 4 月 16 日国务院印发《水污染防治行动计划》。中国还设立了生态文明奖,这是我国第一个生态文明专项奖,专门用来奖励对生态文明建设做出突出贡献的个人和集体。

三、生态文明建设的困境

自我国提出生态文明建设的战略目标以来,我国积极完善环保法律法规、鼓励科技创新、转换经济生产模式、倡导节约绿色消费方式,取得了不俗成效,但是我国生态文明建设仍然存在困境。

1. 人口过多加剧了生态文明建设的压力

自然资源和能源是维持人类生存和生活的必需品,资源的消耗和人口数量成正比,当人口不断增长,资源消耗量也随之扩大,一旦那些不可再生资源被消耗殆尽,人类便会陷入危机。我国虽然从 20 世纪开始实施了计划生育政策,但是我国庞大的人口基数仍然造成了我国资源的供需矛盾。资源分布的不对称更是进一步加剧了资源的供需矛盾,我国 32 个省市自治区中,有 21 个处于缺水状态,但是我国工业用水量和生活用水量仍在不断攀升,从 2004 年的 5547.8 亿立方米增加到 2013 年的 6183.45 亿立方米。这些给我国生态文明建设带来了巨大压力。

2. 城镇化进程给生态文明建设带来新问题

随着我国城镇化进程的不断加快,我国城市环境问题也日益突出。城市人口不断增加,给城市环境带来了巨大压力。交通拥堵、废水排放、地表塌陷,这些不仅影响了城市的发展,同时也对人们的生命健康造成威胁。2015 年,柴静制作的纪录片《穹顶之下》在社会上引起了热议,这部片子主要讨论了雾霾的成因和解决办法。根据国家环境保护部提供的数据,在过去的一年中,北京污染天数为 175 天,天津 197 天,成都 125 天,沈阳 152 天,兰州 112 天,石家庄高达 264 天! 相关数据表明,如今在中国每年因为大气污染过早死亡的人数有 50 万人!

3. 国民生态意识的淡薄阻碍了生态文明建设

近年来,随着社会的不断发展,人们的环保意识不断增强,环境保护教育也深入学堂,形形色色的环保活动不断兴起。但是总体来说,国民的生态意识并未根深蒂固,受传统观念和一些不良习惯的影响,资源浪费、环境污染的行为仍然屡见不鲜。同时人们对环境保护的关注只停留在日常生活中,对与生态文明相关的法律法规、政策方针并无多大了解,并且只关心与自己切身利益相关的环境问题。一旦不涉及自身利益,生态文明建设便成了"他人瓦上霜"。

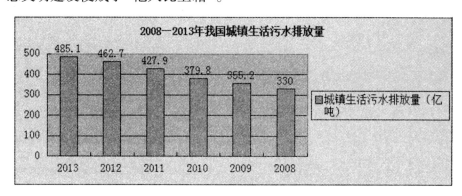

(来源:中华人民共和国环境保护部)

4. 环保科技水平的落后制约了生态文明建设

随着我国未来环境治理的力度不断加强,我国环保企业迎来了春天,虽然目前我国环保企业数量多,但是发展规模普遍小、效益不高,无法与苏伊士、威立雅、帕萨旺等国际巨头抗衡,根本原因是我国环保技术的落后。我国环保产业缺乏自主研发创新能力和核心设备支持,科研成果的转化率低,加上资金不足,人才稀缺,从而落后于其他国家。专家表示,中国的水处理技术较世界先进水平落后 10 年以上。

第三节　加强生态建设　守护青山绿水

党的十八大报告提出:"建设生态文明,是关系人民福祉、关乎民族未来的长远大计。"生态环境保护是一个长期任务,要坚定不移地推进生态文明建设,在挖掘金山银山的同时也要保护好青山绿水。

一、牢固树立生态文明的理念

人是建设的核心力量,只有树立了生态文明的理念,以正确的思想来指导行动,生态文明建设才能取得实效。国家要加强对生态保护的宣传,让环保理念上升为国民意识,构建全民环保的良好氛围。通过网络、电视、广播、报刊等媒介宣传生态文明建设的重要性,表彰对生态文明建设做出重要贡献的集体和个人,以榜样先锋的力量激励人们积极投身到生态文明建设的过程中,提高环境责任意识,提升环境保护的参与意识,群策群力,为生态文明建设做出贡献。

二、推进生态保护的法律建设

生态文明建设的顺利推进,不仅要有理念引导,更要有制度保障。以日本为例,迄今为止,日本政府已经颁布了推进《建立循环型社会基本法》《有效利用资源促进法》《建设再利用法》《容器再利用法》等七项法律,建立了世界领先的政、企、民三方密切结合的节能环保体系。国家要加大环保立法,不再走"先污染后治理"的老路,秉承"预防为主,从源头抓起"的原则,依法打击破坏生态环境的行为。坚持从实际出发,提高法律法规的可操作性,保证在实际执法中做到"有法可依"。同时,要严厉打击破坏生态环境的行为,提高违法成本,真正发挥法律的制约威慑作用。

三、加快绿色经济转型的步伐

所谓绿色经济(Green Economic),是指以市场为导向、以传统产业经济为基础、以经济的发展与环境的保护相和谐为目的,发展起来的一种新的经济形式。它以经济与环境的和谐为目标,将环保技术、清洁生产工艺等许多有益于环境的技术转化为生产力,并且通过有益于环境或者与环境无对抗的经济行为,实现经济可持续发展。① 我国要加快传统产业的升级转型、转变传统产业的发展方式,降低资源的消耗,减少污染排放,将环境污染指标纳入企业考核体系,对不合格者予以严惩。同时培育新的经济增长点,发展新兴绿色产业,刺激消费需求,尽快使新兴绿色产业成为国民经济发展的支柱性产业。

培养全民的绿色消费观念,构建绿色消费模式。弘扬中华民族勤俭节约的传统美德,号召绿色生活、绿色消费,将绿色文化纳入中国特色社会主义文化体系中,增强公众对绿色消费的认知。积极推行电子商务、现代物流,切实减少消费环节的资源消耗。通过政府采购和绿色消费补贴等形式,如节能产品消费补贴等,促进机关、企事业单位和社会公众采购绿色产品。②

四、加强国际的合作与发展

加强生态文明建设是国际共识,互相学习、共同进步是生态文明建设的有效方法。我国要加强与别国的交流合作,引进最新的环保技术和环保理念,参照国外成功的环境治理案例。例如日本是当今世界环保大国和人均寿命最高的国家。但在 20 世纪,世界八大公害事件有近一半是在日本发生的,经过 20 年的努力,投入了千亿日元,日本的环境污染才得到了控制。在日本,环保节能观念已经深入人心,根深蒂固,主动而

---

① 严行方.绿色经济[M].北京:中华工商联合出版社,2008:4.

② 彭斯震,孙新章.中国发展绿色经济的主要挑战和战略对策研究[J].中国人口(资源与环境),2014(3):3.

自觉地保护环境,已经成为日本公众的习惯。在推进中国特色社会主义生态文明建设过程中,日本环境污染的治理经验和环保政策的实施都是值得我们参考和借鉴的。

柴静在其拍摄的一部环保纪录片《穹顶之下》里说道:"我不满意,我不想等待,我也不再推诿,我要站出来做一点什么。我要做的事,就在此时,就在此刻,就在此地,就在此生。"现在的我们,看到的天是蓝的、水是绿的、山是青的、云是白的,世界是五彩缤纷的,我们所要做的,就是勇敢地站出来,身体力行,为生态文明建设贡献一份自己的力量,把这幅五彩斑斓的画卷一代一代地传承下去。

第五篇 心怀祖国 放眼世界

当今，中国正处于一个奋发而革新的时代浪潮之中。开放的国门让我们当代大学生在开眼看世界的同时，也衍生出更多的思考。怎样看待传统文化在外来文化冲击下的逐渐式微？我们的政治制度与西式民主之间的区别与联系是什么？在一超多强的国际格局下，中国如何自立于世界民族之林？有着"天下"意识的中国当代大学生又可以为世界的和谐与稳定贡献些什么？

第一章　国际舞台中的重要一席

——如何自立于世界民族之林？

自从 20 世纪 90 年代苏联解体、东欧剧变后，两极对立的冷战格局已经被打破。当前国际呈现的是以美国作为超级大国一马当先，而中、俄、欧、日等国家和地区也异彩纷呈的新局面。除此之外，许多新兴发展中国家也不断地在世界局势中崭露头角。在这样一种和平与发展为时代主题而各国之间的竞争又不断加剧的国际背景之下，中国如何在这一国际坐标轴中取得并保持重要的一席之位？中华民族如何自立于世界民族之林？这一系列的问题，值得我们每一个中国人，尤其是当代大学生去深思。

第一节　中国与几个大国的关系

党的十六大中明确提出了在中国与其他国家发展国际关系中要以大国之间的关系为关键、与周边国家的关系需首先关注，而发展中国家是中国国际关系的基础，与多边国家之间的交往是舞台。其中，我们之所以要将中国与大国的关系作为关键，是因为在国际环境中，大国将关系到整个国际战略的发展和国际关系的走向。中国历来非常重视自己同西方发达国家之间的关系，积极主动地谋求与西方国家的合作和共赢。与此同时,中国也非常重视与以"金砖国家"为代表的发展中国家之间的合作与交往,进而与各区域的主要大国之间加强交流与合作。总之,中国的大国关系呈现出主动性、全面性和建设性的特点。

一、中美关系

美国是世界上最大的经济强国和军事强国,但是从总体上看,中美既是经济上的共同伙伴,也是竞争对手。① 由于美国当前所采取的战略东移政策,因而使得中国的周边环境呈现非常大的复杂性与不确定性。首先,在军事安全方面,中国目前所面临的压力正在不断增大。其次,不断增多的变数与矛盾也出现在中国与周边国家之间。最后,中国在地缘政治上面临新挑战。美国虽然目前宣称要将亚太地区定位为美国全球战略的核心部分,并且打出了所谓打造美国的"太平洋世纪"的旗号,但其采取的具体措施有非常多的针对中国的地方。不过,由目前中美关系的总体发展状态和趋势来看,中美关系有明显不同于美苏冷战对峙时期的特征。两国在经济贸易领域的合作正在不断向更广阔和更深入的方向发展,并且对于两国的经济冲突,也更多的是采取和平商讨的方式加以解决;无论在对全球问题的解决,还是在对地区问题的处理上,中美两国之间的共同利益不断增多,和平与稳定越来越成为符合两国共同利益之处,甚至美国在很多领域和方面需要中国的协助和合作;当前中美两国已经建立了60多个对话机制,总而言之,中美两国虽然存在分歧,但是依然属于可控制的范围,而真正占双方关系主流的,是和平与合作。

2014年11月10日至12日,美国总统奥巴马对中国进行国事访问,

---

① 介华万. 影响中国国际地位提高的因素和对策研究[D]. 长春:东北师范大学马克思主义学院,2011:12.

同时参加了在北京举行的 APEC 大会。习近平同奥巴马举行了会谈,在会谈中,中美两国就一系列关系两国国计民生的重大问题进行了协商,并达成了相当多的共识,其中有:针对气候变化问题,双方发表了联合声明,宣布了自 2020 年后,中美两国将针对全球气候变化问题所采取的行动目标;在加快双边投资协定谈判上,中美两国也达成了共识,并在《信息技术协定》扩围谈判上达成了一致意见,从而展现了中美两国加强双方经济合作的意愿与决心;在建立重大军事行动相互通报机制和海空相遇安全行为准则这两方面,双方签署了备忘录,这一举措是两国在军事领域上相互信任的体现,有力推进了中美之间新型军事关系的建设,同时也大大有利于亚洲太平洋地区的安全与稳定;双方还达成了有关商务、旅游、留学人员签证等方面的互惠政策,从而方便两国交往,便利两国人民。

二、中欧关系

2014 年 3 月 22 日,国家主席习近平对荷兰、法国、德国、比利时等欧洲国家进行国事访问。出访期间,习近平与有关国家领导人进行会谈,发表演讲,连续在知名海外媒体发表署名文章,宣示中国的外交理念,引导外界正确认知中国,访问取得了一系列双边、多边成果,全面提升了我国同荷兰、法国、德国、比利时四国和欧盟的关系水平。欧洲作为国际环境中一支强大的力量,在国际关系格局中起到举足轻重的作用。在当前国际局势风云变化、国际关系更加扑朔迷离的情况下,中国和欧洲保持友好合作的关系,将会极大有利于中国的整体国际战略构建和国际安全的维护。这次访欧,也极大地提升了双方的相互信任,增进了双方之间的相互理解,坚定了中欧的合作伙伴关系。

三、中日关系

2015 年 7 月 16 日,在主要在野党缺席的情况下,日本国会众议院在自民党的控制下进行强行表决,通过了由日本政府提交的新安保相关法案。所谓新安保法案,其核心是要解禁集体自卫权后扩大日本自卫队在海外的军事活动。日本作为中国十分重要的邻国,与其国际关系的重要性不言而喻。但是日本自"二战"战败以来,做出了许多否认历史、拒绝认错的事件,从而大大影响了中国与日本之间的睦邻友好和国际合作。我们可以断言,如果日本一直采取这样的态度和方式,那么,其将永远生存于历史的阴影之下,中日之间的关系将很难有好的扭转。

四、中俄关系

2015 年,中俄两国元首会晤频繁。5 月 9 日,习近平主席应邀对俄进行国事访问并参加了俄罗斯为庆祝卫国战争胜利 70 周年而举行的盛大庆典。这期间,中俄两国签署了关于能源、交通、航天、金融、投资、新闻媒体等许多具体领域的相关合作协议,并且在战略合作方面取得了新突破。9 月 3 日,俄罗斯总统普京也于中国人民抗战胜利 70 周年纪念日时访华,两国之间的国际关系不断升温。近些年来,中俄两国在事关本国重大外交领域已达成许多共识,找到更多合作共同点。中俄之间国际关系的正向发展,不仅合乎两国之间的利益,也对亚太稳定和世界和平,起到重大支持和促进作用。

五、中国与其他发展中国家的关系

近年来,中国正不断加强"金砖国家"内部的合作。金砖国家中,印度从20世纪90年代以来,其经济水平得到了迅速成长。在军事方面,印度已公开自己为有核国家,并开始增加军费开支。在信息技术方面,印度也走在了世界前列,它在软件方面的研发和出口在世界上仅次于美国。中国在世纪之交与印度建立了建设性伙伴关系,印中关系的未来有许多休戚相关、荣辱共进的发展点。金砖国家中的巴西以"原料基地"著称于世,而新加入的南非则是"非洲的资源库",因此,中国与金砖国家之间的相互合作将不断加强。此外,中国还不断深化与东盟的合作交流,2010年1月1日,中国与东盟自由贸易区全面启动,促进了世界区域经济的繁荣发展。

第二节　国际关系中的中国国家身份

一、中国自身的国家身份

如何认识中国在当前国际社会中的地位和作用,是一个重大的战略问题。对当前国际体系中的中国地位和作用的正确判断,有利于理解中国与外部世界联系的本质与方式,有利于中国发展战略的设计与实施,同时也有利于中国更好地为世界和平与繁荣做出应有的贡献。[①] 我们可以通过当前我国的国家身份来对上述问题进行定位。

国家身份是一种由其内在属性所决定的,然而又是在其与其他的国

---

① 江波.中国的国际地位与国际形象[J].阜阳师范学院学报:社会科学版,2005(2):101-103.

家的互动交往中所体现出来的地位和重要性。它包括两个方面的含义：一是其在国际社会当中的国际角色，二是其与其他主权国家之间及对其主导的国际社会之间的认同。具体说来，一个国家的国家身份，主要是由其文化、领土、人口、经济发展、国际战略等所决定的。就我们国家来看，中国是世界上的人口大国和领土大国，然而从意识形态的角度来看，中国目前被排除在以西方民主为主导的政治强势国家群体之外。在文化传统上，中国的传统文化目前处于与现代文化的断裂阶段，使得我们自己的文化之根受到来自现代文化的挑战和冲击；另一方面，中国文化还存在其东方属性与世界主流的西方文化的冲突和矛盾。经济上，中国目前虽有举世瞩目的大发展，但是对西方发达资本主义国家的依赖性依然较高。从国际战略上来看，中国目前所处的是一个由原先的体制挑战者向体制的接受者和维护者的身份的转化时期，中国正成为世界上不容小觑的维护国际社会稳定的重要因素。

简单地说，中国是一个大国，但又是一个发展中的国家。当前中国在为积极融入国际秩序而不断努力，然而在历史文化上却不得不接受其在体系之外的现实。为现代化而奋斗的中国，在政治文化方面还是被动地处于世界主流之外。

二、中国的国际环境

国际环境，是把握一个国家国际地位时必须思考的问题。一个国家所处的国际环境，是该国战略定位的重要参照系。国际环境不仅影响着中国的国际行为，也影响着中国的内部事务。所以，分析中国所处的国际环境,就是一个非常重要的课题。①

　　要理解当代所有国际问题,需要明确冷战结束后的 15 年里,世界发生的十件大事:一、苏联解体、东欧剧变;二、美国成为世界上首屈一指的超级大国;三、国际恐怖主义发展成为全世界人民的威胁;四、伊斯兰世界中的极端组织与世俗国家冲突激烈,有激发文明和文明内部冲突的危险;五、中东地区争端升级,冲突纷争动乱不断;六、中国的国际地位越发提高,开始成为一个重要的经济大国;七、欧盟衍变成为一个重要的地区性和全球性的行为体;八、全球化的迅速蔓延和扩大;九、贫富差距,在全球范围内日益拉大;十、美国领导的对伊拉克的战争及其所引发的关于国际法意义的讨论。在这十大事件当中,有三个最为重要。首先是苏联解体、东欧剧变。这一事件表明,对重大的国际战略问题的解决,是可以用和平的方式的。其次是美国的国际地位的崛起,使得人类历史上首次出现严重的国际力量不平衡的状况。最后,则是"9·11"事件的爆发,证明了弱小的行为体可以通过非常规手段而对霸权国家造成重大打击,从而严重冲击了传统的国际政治逻辑。相比以上三大事件,中国经济实力的壮大虽然对国际环境来说,是一个重大变量。但是基于中国经济对于西方世界的依赖程度,我们可以认为,中国目前对世界的建构力量仍然非常弱小。

　　① 张家栋. 中国的国家身份、国际地位与战略定位[J]. 国际责任与大国战略,2006 (5):26 - 28.

第三节　发展合作共赢的国际关系

一、构建互信、协商、互利、共赢的国际政治经济新秩序

在国际社会中,世界各国基本处于各自为政的状态,相互之间不是战争与和平的交替,就是冲突与合作并存,这是人类历史发展的必然。①然而,旧的国际政治秩序给世界带来了极大危害,使得战争和冲突威胁上升。以美国为代表的资本主义强国,为实现自己在全世界的领导霸权而推行单边主义政策,肆意干涉别国的内政及外交,推行强权主义和霸权政治。除此之外,还在全球范围内推行其新帝国主义政策方针。这一政策的推行,一方面加剧了帝国主义国家和第三世界国家间的矛盾和冲突;另一方面也使得第三世界国家内部之间矛盾升级,冲突加剧。更为严重的是,这一冲突在当今世界的国际冲突中没有缓和的迹象。尤为值得注意的是,国际旧经济秩序实质是在资本主义强国主导下的一个经济体系,从国际生产市场到贸易市场的游戏规则都掌握在资本主义国家的手中。这些强国利用自身强大的经济实力与科技实力主导和控制了国际社会的经济秩序。以不合理的国际分工为手段,以跨国公司的方式来转移国内产业的矛盾,来掠夺发展中国家的资源。通过经济上的投资及金融上的控制手段,许多发达资本主义国家控制并干涉发展中国家的内政外交。

然而在当今的国际社会,和平与发展才是时代的主题。在这种情况下,各个国际行为主体要遵循以和平共处为主的活动准则。在面对冲突

---

① 吴迪,王俊拴.关于国际冲突解决的思考与探索[J].社科纵横,2014(6):79-81.

和分歧时,强调通过对话交流、友好协商来探讨更为合适的国际公认准则。对于无视国际法及国际准则的新帝国主义政策,要坚决反对。中国在构建新的国际经济秩序上必须尽到自己应尽的责任,这不仅关系到自身发展的切实利益,更是为国际社会造福。另外,我们还要重视国际社会舆论在抑制霸权主义和强权政治上的巨大功效,加强国际社会的舆论功效,对帝国主义给予巨大舆论压力。还要切实发挥联合国等国际组织的作用,不断完善国际法与国际准则,对新帝国主义实行制裁。最后,抓住一切机遇来实现自身的发展,提高自己在国际社会当中的影响与地位,才是我国能在国际社会中立足的根本性问题。通过自身的成长而使国际社会形成一种"均势化"的国际状态,使帝国主义丧失恣意妄为的土壤。

在当下和新的时代背景下,建立一种互利共赢的国际经济新秩序变得刻不容缓。对于这一新秩序的建立,第一步要取消由发达资本主义国家所主导的国际贸易规则,要通过国际协议,增强中国与其他发达国家之间的交流来制定更为合理的国际新秩序。第二,对于较为落后的发展中国家,我们要促进自己经济的不断发展与壮大,切实把握住全球化所带来的机遇与挑战,在科技创新中实现经济的增长和国力的增强。最后,发达国家作为经济与技术上的强者,国际秩序中的主导力量,我们要呼吁其信奉和平发展、互利共赢的发展战略,与发展中国家精诚合作,为国际经济的发展贡献自己的力量。

二、加强与其他民族国家之间的对话,消除民族利己主义

所谓民族利己主义,其实质也就是民族中心主义。它指的是,过于高估本民族的优势,低估了其他民族的优点和长处,进而将本民族的利益看作世界至高的利益,从而对其他民族的利益进行忽略和践踏。从历

史上来看,民族利己主义是世界上的一种普遍现象。这种思维以文化冲突的形式存在本民族的头脑之中,当该民族与其他民族之间的利益斗争发展到不可调和的状态时,就会演变成为两个民族间的仇视和战争。民族利己主义是一种十分狭隘的民族主义和利益视野,与当前全球化的发展趋势相违背。在当今国际社会的背景下,中国应加强与各民族国家的交流与对话,发现各民族之间的共同利益,正确对待民族之间的历史问题。

三、抵制霸权文化渗透,倡导多元与包容文化

随着经济全球化的发展,几乎所有的民族国家都融入国际社会这个大家庭之中,科学技术,尤其是通信手段的更新,伴随着人类文化的全球性发展,为文化的全球传播提供了渠道。哈佛大学教授塞缪尔·亨廷顿在其《文明的冲突》一文中悲观地认为冷战之后全球政治的基本冲突将出现在分属于不同文明的国家和集团之间,文明的冲突将是未来的战线。[①] 在文化全球化的背景下,由于以欧美为代表的资本主义国家在信息技术上掌握着最大的优势,因此,西方的价值观和文化成为一种压倒一切的文化冲击在全球范围内蔓延、扩散。其中,美国积极推行其文化霸权政策,对其他文明的价值观进行打击和破坏,这是一种文化"软"侵略,于是"文化入侵"与"文化保护"之间产生冲突。因此,我们要在抵制文化霸权的同时,积极保护、传承自己民族的特色文化,以开放的心态加强各民族之间的文化交流及各民族之间互相借鉴与吸收,不断进行文化创新,倡导发展一种多元包容的国际文化,形成价值共识,促成国际冲突的解决。

---

① 汪滨. 后冷战时代国际冲突成因分析[J]. 湖北社会科学,2011(3):28-32.

四、坚持国内与国际政治良性互动

在国际社会中,一些发展中国家在面对国内经济下滑、政治动荡时,为了实现自己的统治会罔顾国际道义及国际准则,将自己的国内矛盾转移到国际社会。这样随之而来的就是冲突扩大化和国际互动的恶性发展。[①] 国家在面对自身国内的矛盾时,应该不断抓住发展机遇,利用国际合作来解决国内矛盾,实现国内矛盾解决的合理合法化,减少矛盾的国际性扩散,有效解决发生的冲突。因此,对于发展中的中国来说,必须统筹好国内、国际两个发展大局。对外政策应该坚持和平共处五项原则,遵循相互依存理论,构建良好的国际互动渠道。在面对我们国家自身的矛盾时,要坚持发展自己才是硬道理,抓住发展机遇,利用好国际合作,在国际合作中切实解决自己的发展问题,从而实现本国矛盾解决的合理合法化,减少国际冲突的扩散,使得国内与国际政治实现良性的互动和互相推进式的发展。

综上所述,随着近年来中国的崛起与发展,国际社会中"中国威胁论""中国崩溃论"等捧杀和唱衰中国的声音相继而起。反观国内,为我们目前取得的成就而沾沾自喜忘乎所以的人也大有人在。弄清我们在国际社会中的坐标以及中国和其他国家的国际关系,不仅是纠正国内外对中国发展的误解的需要,更是我们明确未来国家的发展战略,确定国家对内对外政策的主要依据。在当前冷战结束,和平发展为时代主题的背景下,中华民族的伟大复兴并自立于世界民族之林,需要我们每一个当代大学生的关注与努力。

---

① 安秀伟,唐书俊.中国国际地位与和平发展的对外战略[J].党政干部学刊,2010(3):13-15.

第二章　如何应对"文化冲突"？

——传统文化碰撞西方文明

中国有着悠久灿烂的优秀传统文化。然而,在经济全球化影响下的今天,中国传统文化却在改革开放带来的文化多元化的冲击下,逐渐显现出式微的尴尬态势。这一现状足以让所有对中国传统文化抱有深切热爱的人忧愁痛心,也更让有识之士对传统文化在其他民族文化的冲击下的前途和未来产生深切的思索。作为一个在全球化浪潮下的中国人,我们对于传统文化的继承与发展及处理好其与多元文化的关系有着不可推脱的责任。

第一节　全球化背景下传统文化面临多元文化的冲击

一、何谓传统文化？

1. 中国传统文化的形成

中国传统文化是在中华民族五千年的历史发展过程中融合形成发展起来的。它涵盖了中华民族的思想观念、价值取向、思维方式、道德情操、礼仪制度等多方面的丰富内容。① 通常意义上的中国传统文化,指的

---

① 方琼.大学生继承传统文化——现状、需求与日常生活化[J].中国青年研究,2011(7):95-97.

是从中国历史上流传下来的属于民族的文化。传统文化相对于外来文化而言是本土文化,即民族文化;它相对于现代文化来说,是指在漫长的历史岁月中形成并流行到今天的文化。中国传统文化是指在五四运动以前的几千年,在特定的自然环境、经济结构、政治体系、社会制度、意识形态的作用下形成、积累和传承下来,并且至今仍在影响着现代社会的中国古代文化。它是世世代代的中国人在其劳动生产、社会生活、精神创造的不断积累中产生、发展的文化。它的形成离不开我们独特的地理环境、气候因素、生产方式、政体国体等多种要素的综合作用。

2. 中国传统文化的核心

中国传统文化包括精神文化、器物文化、建筑文化等诸多形式。而作为传统文化主体和灵魂的主要是其精神文化。概括起来,主要包括:一是爱国主义精神。如提倡"天下兴亡,匹夫有责""先天下之忧而忧,后天下之乐而乐"等。二是自强不息、奋发向上的拼搏精神。所谓"天行健,君子以自强不息"。三是求真务实的诚信品格。如"知之为知之,不知为不知""知人者智,自知者明"。四是贵和乐群的和谐意识。提倡"天人合一"与"中庸"之道,讲求人与自然、人与人的和谐共存。五是追求高尚的道德修养。以孔子为代表的儒家主张以提高自身修养为根本,注重自身修养的提升。

3. 中国传统文化的主要特点

中国传统文化主要是农耕文明的产物,因此具有以下特点:一是推崇天人合一。这是因为农耕文明需要合适的阳光、雨水和空气,因而和谐的天人关系就格外重要,只有人与自然处于一种和谐状态,才可以得以丰收和文化的延续。二是重视伦理宗法,强调君君、臣臣、父父、子子的等级划分,并且重礼仪,重道德,更强调协作,相对于西方文明的重视个人性,中国传统文化更为讲究整体意识和整体性。三是超强的稳固封闭性。不同于海洋文明的开放,农耕文明决定了中国人骨子里的安土重迁,不喜欢变化。而世代固定耕地的耕作方式,也就决定了中国传统文化自给自足的封闭性特点。

二、西方文化、日韩文化的冲击

1. 西方文化

西方文化是建立在以美国、欧洲等西方国家发达的生产力和社会历史条件基础上的观念体系。西方文化的特点和优点在于对个性自由、理性科学的赞扬和宣传。伴随着全球化的深入,西方文化在我国的传播对中国传统文化的继承与发展造成了重大的冲击和影响。美国学者罗伯特·塞缪尔逊曾精辟地指出:"全球化是一把双刃剑——它既是加快经济增长速度、传播新技术和提高富国和穷国生活水平的有效途径,但也是一个侵犯国家主权、侵蚀当地文化和传统、威胁经济和社会稳定的一个有很大争议的过程。"①从好的方面来看,其蕴含的科学理性思维使得我国传统的价值思维方式开始发生改变。但是,其中的腐朽成分对中国传统文化造成了巨大的伤害。一是随着西方消费主义在中国的大肆传播,我国社会涌现出一股拜金主义、形式主义的不良之风。二是西方文化的传播中渗透着资本主义的意识形态,宣扬西方文化优于东方文化。三是西方文化的传播中渗透着霸权主义,不利于中国传统文化的继承与发展。

2. 日韩文化

随着日本、韩国等资本主义国家经济实力的发展,其文化的输出也

---

① Robert Samuelson. "Globalization: Advantages and Disadvantages" [M]. *International Herald Tribune*, 2000.

随之而来。诸如日本的动漫、韩国的综艺影视都在中国产生了重大的影响,在青少年中引起了"哈日""哈韩"的旋风。除了上述流行文化对中国传统文化的冲击之外,日本和韩国作为曾受儒家文化影响的文化输入国转化为文化输出国,其将由古代中国输入的文化经过自己的消化吸收和转化,反而呈现出自身特有的文化特色,对其源头的中国传统文化进行着冲击。中国传统文化的一些要素反而被日韩放大了、扩大了影响。

三、中国传统文化的尴尬境地

1. 国际上,中国传统文化资源被外国资本主义国家争相抢夺

韩国于 2005 年向联合国申遗端午节,日本也在文化领域注册"三国"品牌,诸如此类的其他国家对源于中国传统文化的非物质文化遗产进行抢夺的事件层出不穷,这些事件极度不利于我国文化产业的发展。同时,也在国际上造成了不良的影响,严重阻碍了中国优秀传统文化走向世界的步伐。

2. 国内,中国传统文化面临着逐步流失的困境

改革开放以来,由于国门打开,西方文化思潮纷至沓来,人们的注意力往往更多地集中在西方的优秀文化之上,而忽略了本民族的优秀文化传统。[①] 人们对于中国传统的礼俗和传统节日逐渐淡忘,或者对节日蕴含的意义无从知晓。中华民族历史上创造的诸如诗歌、戏曲、音乐、绘画、园林等独具中国特色的传统艺术也随着其他文化的冲击被人们逐渐冷漠对待,陷入濒临失传的境地。抢救非物质文化遗产,正是基于中华民族的这一历史责任。

---

① 冯勤.略论中国传统文化的现状及现代价值[J].西南民族学院学报:哲学社会科学版,2000(5):116-118.

3. 在衡量文化活力的指标上严重不达标

文化活力是衡量文化生命力的重要标准,它是文化传承与创新的重要指标。北大张祥龙教授提出的衡量文化活力的指标有:一看该文化是否有接续的传人;二是看其是否还有得以存在的社会基础;三是看人们是否还愿意接受其价值选择;四是在人们的思想和语言表达中,是否还能见到这种文化的影响因子。然而,我们非常遗憾地发现,当对应上述标准时:中国传统文化的传承越来越少,社会结构改变,它也不能左右当代人做出重大选择,中国传统文化面临生存危机。

第二节 中国传统文化式微的原因

一、历史原因

1. 经济基础的丧失

上层建筑是由经济基础所决定的。中国的传统文化是大陆气候、农耕文明的产物,以自给自足的经济和建立在血缘基础上的宗法制为纽带。然而,随着历史的发展,传统的农耕文明逐步被现代的工业文明所取代,伴随着现代化的生产力和生产关系的就是无法抵御的文化变迁。在农耕文明逐渐淡出人们视线的同时也就预示了人们对中国传统文化的忽略甚至遗弃。

2. 历史挨打下丧失文化自信

自从近代以来,中国落后就要挨打的现实使得很多中国人将其罪过归咎于中国传统文化所具有的封建保守性,从而对整个传统文化进行颠覆,丧失了原先的对自身本土文化的自信与崇尚,转而大力重视、研究、传播西方和其他文明的思想文化。这一影响至今仍未根本消除,不仅制约了今天的人们对传统文化的正确定位,也使得这一文化自信的丧失成了中国传统文化日益丧失其活力和发展的原因。

二、现实原因

1. 外国文化的独特之处

文化作为一个民族的精髓,往往也是这个民族魅力之所在。西方文化中标榜民主、自由、平等、人权等价值,并作为普世价值加以推行,具有很大的迷惑性和欺骗性。日韩文化对流行元素的市场快速转化,都有其独特和非凡之处。这些吸引人之处,有其符合广大人民群众的审美、需要和欲望满足的一面。

2. 强势的文化外国战略

当前强势冲击我国传统文化的,当以西方文明首当其冲。而西方文化之所以有如此强劲之势,也必然是与其国家实力和国际政策密切相关的。全球化浪潮中,西方发达国家利用其强大的科技力量、媒体优势、文化工具、意识形态向第三世界国家进行社会制度和生活方式的渗透,试图摧毁或销蚀第三世界的民族文化和本土文化,并把它们逐渐纳入"西方中心主义"的文化一体化框架中。① 西方霸权以其国内经济的发达和国际贸易中的霸权地位,在文化上也推行文化强权,将自己国家的文化吹捧为普世文化或终结的文化。加大文化的国际输出,以迷惑其他文化的人民。

3. 传统与现实的内在矛盾

主观上来讲,我们之所以会对中国传统文化的继承与发展没有引起

---

① 李巨轸.略论全球化对本土文化的冲击[J].社科纵横,2007(10):134 – 136.

足够重视,很大程度上是因为在过去的一段时间我们忽视了传统文化的重要地位和作用。对于物质文明的过分强调和偏向发展,使得精神文明、传统文化都处于边缘而沦落不被人所重视的地位。客观上来看,现代化建设需要一种与之相配套的文化。传统文化的慢节奏明显与现当代建设的加速度呈现不协调的一面。其农耕文化的精华与城市化进程的加快也表现出了重重矛盾。因此,在当今社会传统文化需有现代性的转化方可与现代社会相融合。

三、文化自身的发展周期规律性

就文化自身而言,每一种文化也有其独特的发展模式和周期规律。从历史发展的角度来看,中西方文化都各自有其萌芽、发生、发展、高潮、低落的过程。而且往往一段时间的低迷是为下一阶段的辉煌做铺垫和准备。譬如西方中世纪时的迷信黑暗,随后伴随而来的就是文艺复兴的文化辉煌。因此,中国传统文化目前的式微之态也可以被看作其历史发展阶段的一个瞬间。其后劲如何、未来如何,现在依然难以断言。但是这一阶段作为下一文化发展阶段的铺垫与沉积又是必要和必需的。

第三节 中国传统文化向何处去?

一、以马克思主义为指导

高度重视中国传统文化的继承与发展,在此过程中要注意坚持正确的价值导向。任何一种文化的发展,其价值观导向问题都是其中的核心问题。当前我们国家的性质是人民当家做主的社会主义国家,传统文化的当代发展,也就必须以马克思主义为导向,扎根于这一现实国情、时代特点之中。众所周知,所谓马克思主义中国化就是马克思主义普遍原理同中国具体实际相结合。按照毛泽东的界定,这"中国具体实际"应包括中国历史和中国文化在内。这就是说,中国文化乃是马克思主义中国化科学内涵的题中应有之义。[1]

马克思主义认为,价值观念是人类社会实践活动的产物,归根结底决定于经济基础,属于意识形态范畴,意识形态会反作用于人类的社会实践活动。我国作为社会主义国家,基本经济制度是以公有制为主体、多种所有制经济共同发展,经济形式为社会主义市场经济。市场经济下经济成分的多样化必然会导致价值观念的多样化。在多样化的价值观念下想要继承和发展中国传统文化以及区分中国传统文化的精华与糟粕,就不可避免地会产生多种不同的评价标准。我国社会主义的意识形态决定了社会各项事业的建设必须坚持社会主义方向,而对这个社会发展起支配作用的、占统治地位的意识形态必须是受马克思主义所指导的。我国对传统文化进行继承和发展,根本目的是要建设社会主义先进文化,这作为我国社会主义意识形态的载体和基础,必须是以科学的马克思主义为指导的,同时体现我国独特国情并反映时代精神的新文化。

二、与当代中国具体实际相结合

中国特色社会主义事业是当代中国最大的实际。对中国传统文化进行继承和发展,最终是为了从中汲取有利于建设中国特色社会主义先进文化的优秀成分,为社会主义现代化建设服务,因此必须以中国社会主义现代化建设的实践为根基。只要我们寻找到传统文化与现代化的

---

① 杨瑞森.弘扬中华优秀传统文化四题[J].思想理论教育导刊,2014(12):47-53.

契合点,传统文化就一定能够成为推动现代化建设的强大动力。如小康社会、实事求是、与时俱进、以人为本、以德治国、依法治国、一国两制、"三个代表"、富民思想这些具有中国特色的思想观念,都已经融进了现代社会中,成为支撑现代社会进一步发展的强大思想资源和精神动力。①实践是检验真理的唯一标准,同样,只有在实践中,真理才能得到其真实价值的发挥和价值的彰显。我们在对中国传统文化进行继承和发展的目的并不只是要取得相应的理论成果,理论成果固然重要,但我们取得理论成果的最根本目的是为了用理论来指导实践,指导我们的社会主义现代化建设。同时,理论成果也只有在指导实践的过程中,不断接受实践的检验,才能实现中国传统文化自身的长足发展。离开我国社会主义现代化建设的实际情况来谈中国传统文化的继承和发展是没有任何价值与意义的。孤立静止地去研究中国传统文化,将中国传统文化与它在我国社会主义现代化建设实践中的发展割裂开来,将二者处于对立矛盾地位更是没有出路的。

三、在学习中借鉴,在传承中创新

在全球化背景下,任何一种文明都不可能通过故步自封达到保全自身的目的,要想使这种文明或文化不被湮没,就必须以开放的姿态走出国门,这是增强我国国际影响力的必要之举。② 而要积极应对全球化下的多重文化的冲击,突破与成长就成了中国传统文化所必须实现的目

---

① 王杰.中国传统文化研究中的几个问题[J].北京青年政治学院学报,2006(6):62 - 68.

② 李炳毅,李玲.中国传统文化:现状和发展[J].中共山西省委党校学报,2012(6): 107 - 109.

标。只有自己不断发展、创新、成长成为一种更有魅力的文化，才可以抵御住来自其他文化的冲击，在世界文化之林获得自己的位置。而自身的成长离不开两点。一方面是对其他文化先进有益之处的学习、吸收。文化作为一个民族极具特色的所在，有其精华之处。我们对于外来文化，应当秉持取其精华、去其糟粕的科学态度。学习吸收其中符合人类历史发展趋势，契合全体人类利益，应和我国发展规律的先进有益之处，进而补充我国的传统文化。正所谓"海纳百川，有容乃大"。另一方面则是自身的继承与不断创新。传统文化自身的发展也要立足在良好的继承、传播与文化的推陈出新之上。传统文化的传承要靠一代代的中国人对传统文化有真诚的热爱与有意识的保护继承。此外，故步自封是文化发展最不可有的思想。一切文化都要与时俱进，并且不断推出其新亮点、新进步，才能如川流般不断地发展、延伸。

自改革开放以来，中国的国际化水平不断提高。伴随着经济全球化带来的文化冲击，也使得曾经一度辉煌的中国传统文化呈现出式微的景况。文化是一个民族在国际中的真正标签和精髓，是每一个民族无论何时都不可以断然抛弃和轻视的东西。因此，我们必须以为中国特色社会主义现代化建设服务为宗旨，对中国传统文化进行继承和发展，从中汲取有利于建设中国特色社会主义先进文化的优秀成分，为社会主义现代化建设服务。与此同时，当面对由全球化带来的多元文化冲突时，也必须发挥文化主动性，对外来文化进行分析选择，抵御其中腐朽的部分，吸收其中有益的部分，真正做到"古为今用，洋为中用"。只有这样，才能使中国传统文化永葆生机和活力，使中华文明奔腾不息。

第三章　西方民主是普世价值吗？

——认清西方民主的本质

　　民主从它产生开始,基本上就是一个政治概念,它首先指涉的是一个国家的统治形式,即民主政体或民主制。① 民主不是从来就有的,也不是亘古不变的,作为一个历史范畴,不同的时期、不同的国家以及不同的政治思想家对民主有着不同的界定和解释,其所代表的制度内涵也相当广泛,"在古代希腊各共和国中,在中世纪各城市中,在先进的各资本主义国家中,民主有不同的形式和不同的运用程度"②。概括来说,西方民主的发展主要经历了两个阶段,即古典民主和现代民主,那么它们各自的内涵是什么,它们之间又有何渊源关系以及是否具有西方所一向标榜的普世价值,是我们发展中国特色社会主义民主应该思考的重要命题。

第一节　从政治实践源头理解民主

　　"民主"这个词最早来源于希腊文,是对古希腊各城邦政治制度和实践的一种抽象概括,由古希腊历史学家希罗多德在其《历史》一书中首次使用,其本意是"人民的统治",即城邦的政治权利属于全体公民,并由享

---

① 孙关宏等.政治学概论[M].上海:复旦大学出版社,2004:110.
② 列宁.列宁全集:第 3 卷[M].北京:人民出版社,1972:723.

受平等政治权利的全体公民直接统治,而不是通过选举代表,组成代议机关进行间接统治。

这种直接自治式的民主以雅典民主政治为典范,具有以下特征:主权在民,伯利克里曾说,"我们的政治制度之所以被称为民主政治,是因为政权是在全国人民手中,而不是在少数人手中"①;公民大会是城邦的最高权力机关,由全体公民参加,根据少数服从多数的原则,直接参与城邦的决策和治理,"平民群众必须具有最高权力;政事裁决于大多数人的意志,大多数人的意志就是正义"②;轮番为政,官员由多种方式产生,如直接选举,轮流担任以及抽签决定等,但他们只是负责执行公民大会的决定,与普通民众一样,不享受特权,而且是定期更换,并接受公民的监督;公民享受平等的政治权利和自由,可以公开发表演说,进行自由辩论,拥有投票表决权以及被选举成为官员的权利,"任何一位公民只要有所作为,他就会被推荐担任公职;这不是一种特权,而是对功绩的报偿。贫穷绝不是一个障碍,一个人不论他身世多么微寒都能为他的国家造福"③;城邦是实现共同的善以及公民美德的唯一方式,亚里士多德就认为:"人天生是一种政治动物,在本性上而非偶然地脱离城邦的人,他要么是一位超人,要么是一个恶人。"④因此,公民要以维护城邦整体利益为目标来展开政治实践和个人生活,对城邦的认同要远远高于对个人价值的认同。理论上一般把产生于古希腊的民主理论和实践称为古典民主或直接民主,政治思想家们在讨论民主问题时一般都依此为参照系,

---

① 修昔底德.伯罗奔尼撒战争史[M].北京:商务印书馆,1960:130.
② 亚里士多德.政治学[M].北京:商务印书馆,1982:312.
③ 萨拜因.政治学说史:上册[M].北京:商务印书馆,1986:34.
④ 亚里士多德.政治学[M].北京:商务印书馆,2009:7.

然后相对应地把近代以来的民主理论和实践称为现代民主或代议制民主,亦可称之为间接民主。

第二节　古典民主的价值

古往今来,无数仁人志士对古希腊式的直接民主推崇有加,认为这是人类社会民主发展的理想和目标,他们追求的是原汁原味的民主,是不加任何修饰的本原意义上的民主,并把其他各种民主理论都说成是对本原民主的背离和异化。但要认识到,古希腊民主理论和实践虽然勾勒出了民主的一些基本价值理念,并深刻影响了后期社会民主的发展与完善,但是它不是尽善尽美的,有着原始的粗糙性和自身无法克服的弱点。首先,它具有显著的阶级性,只有具备公民身份才能享受民主权利,而绝大部分的奴隶和外邦人是被排除在外的,"在奴隶占有制国家内,有君主制,贵族共和制,甚至有民主共和制。管理的形式确实极不相同,但本质只是一个:奴隶没有任何权利,始终是被压迫阶级"。① 其次,单看公民社会内部,也仅取得了形式上的政治权利平等与自由,远没有实现社会平等和实质平等,而且对自由的理解也很片面,公民仅享受政治自由,个人自由则无从谈起。第三,多数决定原则容易走向极端,造成"多数暴政",从而危害少数人的自由和权益,苏格拉底之死就是很好的证明,同时,平民由于缺乏审慎的思维和辨别能力,容易被一小撮别有用心的人蛊惑,从而蜕变为极权主义民主。再者,平民统治只顾眼前利益,无法进行长远与理性的决策。第五,它只适合小国寡民和公共事务相对简单的

① 列宁.列宁选集:第4卷[M].北京:人民出版社,1972:112.

情况,雅典民主制下,只有大概6000人经常参加公民大会,那时决策的事项比较简单,对时效性的要求也不高,而随着民族国家的建立,领土范围的扩大,公共事务的日益复杂化和专业化,政治情景瞬息万变,继续推行这种古典民主的模式显然不符合时代要求。第六,城邦政治强调整体主义,在公民与国家关系上,公民个体价值要臣服于城邦的共同利益,个体只有融入整体,才是奉行公民美德的体现,也才能获得公民资格的社会认同,因此,个体就没有了独立的价值。第七,需要公民具备非常高的素质和德行,但这恰恰是最难实现的,熊彼特就认为人民并不具备建构古典民主理论基石的"公民美德","不存在全体人民能够同意或者用合理论证的力量可使其同意的独一无二地决定的共同幸福"①。因为人们的现实利益是不断分化的,这必然导致其利益诉求和价值观念的多样化,他们往往不是从理性和"共同的善"出发,而是从感性和个人利益的视角来行动和决策,因此由多数决定所形成的"人民意志"并不都是美好的。② 最后,构建这种民主理论和实践的逻辑基础带有浓厚的伦理道德色彩,对民主的认知缺乏现实性和科学性。

这种民主的理念和实践由于天性的弱点,一方面导致了其自身的覆灭,随着个人主义的抬头,公民对城邦认同的消退,古希腊民主摇摇欲坠,再加上外部两个帝国的先后崛起,以力量为崇拜的帝国制取代以言论为核心的民主制,希腊各城邦最终成为帝国的一个行省或部分,城邦与公民密不可分的关系也被帝国的统治所摧毁,古希腊民主制也随之彻底崩塌;另一方面,从它一开始产生就遭到了思想家们的严厉评判,在古希腊,民主并不是一个褒义词,它指向的是暴民统治、乌合之众以及无知

① 约瑟夫·熊彼特.资本主义、社会主义与民主[M].北京:商务印书馆,1999:372.
② 约瑟夫·熊彼特.资本主义、社会主义与民主[M].北京:商务印书馆,1999:372.

平庸等等,这最早可以追溯到苏格拉底的时代,他认为政治学和国家治理都是专门的知识,城邦或国家必须由掌握真知的精英或贤人来治理,反对政治权力掌握在平民手中的雅典民主制。柏拉图也非常反对民主制,他认为理想国应该由掌握正义理念的哲学家来统治,普通民众不具备治理国家的能力,"除非哲学家成为我们这些国家的国王,或者我们目前称之为国王和统治者的那些人物,能严肃认真地追求智慧,使政治权力与聪明才智合而为一……否则的话……对国家甚至我想对全人类都将祸害无穷,永无宁日"①。另外,他还提出了混合政体的理论,认为君主制和民主制的结合才是最好的政体,"我们的论点是:一个国家若不是由这两种因素构成,就不可能是治理得最好的国家"②。因为君主制的优点可以弥补民主制的缺陷,防止单一民主制蜕变为僭主统治或暴民统治,后来的亚里士多德继承其老师柏拉图的混合政体理论,认为融合了君主制、贵族制和民主制三者优点的共和政体才符合中庸之道,是最好的政体。继之而来的古罗马实行共和制,把混合政体的理念推向实践,虽然民主制仍然占有一席之地,但是这时的民主可以说被共和阉割了,与本原意义上的民主有着天壤之别。而在随后的中世纪,大部分时间内民主已经完全被淹没,很少被提及。

所以,我们在追捧古典民主一些价值理念的时候,一定不要为具体的形式所迷惑,而是要站在科学的角度,追本溯源,把握其确切的内涵和本质规律,认清从本原意义上所界定的古典民主理论,由于论证的逻辑缺乏科学性,制度构建和政治实践中有着无法克服的天性弱点,因此其

---

① 柏拉图.理想国:第4卷[M].北京:商务印书馆,1986:473.
② 法学教材编辑部《西方法律思想史》编写组.西方法律思想史资料选编[M].北京:北京大学出版社,1983:19.

并不具备普世价值的意义。

第三节　现代民主的本质

古希腊民主的湮灭,并没有阻碍人们对民主的追求。随着资产阶级的兴起,在反封建专制的要求下,资产阶级提出天赋人权、人民主权说以及社会契约论等观念,人们对平等的要求日益高涨,民主又一次登上了历史的舞台。但是这时的民主已经完全被异化了,它建构的逻辑不再是为了共同的善,而是为了维护资产阶级的个人自由。

为了反对封建专制等级统治,资产阶级政治学家们从抽象人性论和个人主义出发,认为在自然状态下,每个人都平等地享受自然法给予的不可剥夺的自然权利,"自然法,教导着有意遵从理性的人类:人们既然都是平等和独立的,任何人就不得侵害他人的生命、健康、自由或财产"[①]。但由于没有公共权利作为后盾,人们的自然权利经常遭到侵害,所以人们决定通过社会契约让渡一部分权利组成国家来保障个人自由,但国家或政府只是人民授权的产物,其合法性要取得人民的承认并接受人民的监督,其目的也仅仅是为了保护个人自由和财产权,一旦政府违背了这一宗旨,人民可以设立新政府。而如何来实现这一追求,需要构建一整套的政治制度,民主恰恰符合资本主义的发展要求,最终成为资产阶级的最佳政体选择。但要指出的是,这里的"民主"已经不是古典民主了,虽然古典民主的一些价值得到复兴,如"主权在民"、政治权利平等与自由等等,但是它已经不符合自由的逻辑和民族国家建立后大国对民

———————————

①　洛克. 政府论[M]. 北京:商务印书馆,1982:6.

主的诉求,资产阶级开始构建出全新的民主理论,即西方现代民主,那么它与古典民主有何渊源、关系以及区别呢?

首先,虽然资产阶级推崇"主权在民",似乎与古典民主的"人民的统治"很相似,但是这里的"人民"已经不是整体概念。第二,"人民主权"的实现方式不再是直接民主,而是采用所有权和管理权分割的代议制,"全体人民或一大部分人民通过由他们定期选出的代表行使最后的控制权"①。这虽然体现了"主权在民"的价值追求,公民可以通过选举赋予政府合法性,控制政府的人事变更和政策导向,而且在大国要推行民主只能采用代议制,但是这毕竟和直接民主有着天壤之别。第三,古典民主不是所有人都享有公民资格,而在现代民主国家内,所有人都获得了形式上平等的政治权利与自由,即公民资格向所有人开放。第四,城邦整体主义的架设,也被划分出公共领域和私人领域,在公民与国家关系上,国家是第二位的,它只是维护个人自由的工具,不再具有伦理道德的意义,甚至是必要的恶,因此,国家有其边界,不得侵犯个人自由,这相较于古典民主无疑是对个人独立价值的高扬。第五,古典民主是不加任何修饰和限定的本原意义上的民主,而近代以来,资产阶级对本原民主进行了各种限定和无害化处理,如代议制民主、自由民主、宪政民主、民主共和等等。② 鉴于自由和民主的紧密关系,通常意义上我们可以把现代民主的理论和实践具体称为自由民主,一般认为它具有以下特征:

1. 代议制政府。代议制可以解决直接民主带来的"多数暴政"问题,适应大国建设民主的要求,符合社会分工的发展要求。现代西方政治通过议会制度、选举制度以及政党制度构建公民与国家之间的联系通道。

---

① 密尔.代议制政府[M].北京:商务印书馆,1982:68.
② 王绍光.警惕对民主的修饰[J].读书,2003(4):1.

2.限权政府。由民主选举的政府,仍有可能侵犯人权和个人自由,因此要对政府权力进行有效限制:(1)宪法和法律限权;(2)"以权力制约权力",横向分权——立法、行政和司法三权分立与制衡,纵向分权——中央和地方的分权与制衡;(3)"以社会制约权力",发展公民社会,构建"大社会、小政府"模式;(4)多党制,多党竞争性轮流执政,防止一党专政;(5)反对一元化的官方意识形态,倡导多元价值观并存,个人主义至上;(6)保障个人权利与自由。

3.公民享受广泛的政治权利与自由,如言论权、知情权、选举权、监督权、罢免权、参与权、公民自由权等等,而且,每个人享受的这些权利与自由也是平等的,随着时代的发展,又是不断扩展和完善的,同时,在少数服从多数的原则下,也要求尊重和保护少数人的权利与自由。

第四节　西方自由民主不具有普世价值

由古典民主向现代民主的嬗变无疑是民主理论的巨大进步,它在一定程度上克服了古典民主的天性缺点,多了自由和法治的内涵,适应了资产阶级发展的要求,个人权利和价值也得到尊重。西方政治学家福山在其著作《历史的终结与最后一人》中甚至提出"历史终结论",认为西方自由民主是"意识形态演化的结束",人类历史将不再演化出新的政治形态,所有国家最终都将走向西方式的自由民主体制。[①]是否像其所说的那样,西方自由民主真的具有普世价值呢?

首先,西方国家对民主是不信任的,因为他们害怕人民掌握政治权

---

① 弗朗西斯·福山.历史的终结与最后一人[M].呼和浩特:远方出版社,1998:1.

力后会危害资产阶级少数人的自由,因此对民主横加限定,不断缩小其内涵。而这有限的民主,也是人民大众不断斗争而来的结果。拿选举权来说,西方所标榜的普选权,是经过了几个世纪的斗争才最终落成,英国直到 1948 年才取消复票制,实行"一人一票,一票一值"以及"男女平等"的原则,而美国直到 20 世纪 70 年代才算完全确立了普选权。

第二,熊彼特就认为代议制民主并不是"主权在民"的实现方式,而是"为做出政治决定而实行的政治安排,在这种安排中,某些人通过争取人民选票取得做决定的权力"①,西方国家名义上仍然鼓吹"主权在民",而实际上,自由民主已经沦为选举民主和精英民主,普通民众根本无法驾驭精英统治的国家政权。而为了在竞争性选举中能够获胜,金钱民主也成了自由民主的代名词。例如 2012 年美国大选,候选人总共花掉了 20 多亿美金;2014 年美国中期选举,费用已经接近 40 亿美元。

第三,西方国家陷入了多元民主的困境,由于政治权力在各种政府机构、各种利益集团以及政党之间广泛分配,这必然导致权力之间的掣肘与消耗,各种利益集团左右着政策制定,他们往往从自身利益和眼前利益出发,而不顾公共利益和国家的长远利益。再加上西方社会追求价值观的多元化,文化认同危机日甚一日,随着贫富差距日益拉大,社会矛盾激发,西方社会陷入了从未有过的衰败。

最后,自由民主成了西方国家谋求国家利益的政治手段和幌子。以美国为首的西方国家在向发展中国家宣扬和兜售民主的时候,往往从自身的利益出发,而不顾发展中国家的实际,认为发展中国家政治民主化只能走西方式的自由民主之路,否定其他任何形态的民主,民主成了标

---

① 约瑟夫·熊彼特.资本主义、社会主义与民主[M].北京:商务印书馆,1999:395 – 396.

签,是西方国家谋取国际利益的政治技巧。

　　总之,西方自由民主是资产阶级统治的工具,是被自由阉割的有限民主,并逐渐蜕变为选举民主、精英民主以及金钱民主,它也是以美国为首的西方国家谋求国家利益的手段。尽管西方民主模式在世界上的推广时有成功案例,但是"颜色革命"是与严重灾难联系在一起的。因此,我们一定要破除"西方中心论"的思维,从盲目的崇拜中清醒过来,认清西方自由民主并不具备西方所一向标榜的普世价值,认清西方推广民主的现实动机,尊重自己的历史传统,坚定走中国特色社会主义民主道路,不断增强我们的道路自信、理论自信和制度自信。

第四章　世界的安定与动荡

——和平鸽几时能归巢？

　　和平鸽是和平、吉祥的象征。在世界各国重要节日、庆典及国际事务中，人们习惯用放飞和平鸽的方式表达推进世界和平的良好愿望和对幸福生活的向往和祝福。主人们希望放飞的和平鸽能尽快归巢，与主人团聚，寓意着世界从此安定、祥和。美苏争霸的冷战格局被打破后，世界在经济全球化浪潮下越发成为一个密切联系的整体，并形成了一超多强的国际格局。随着各国之间休戚与共的联系越发紧密，以及两次世界大战给人类历史所带来的惨痛记忆，国际分歧的处理方式也越发理性、缓和。求发展、求和平是全体人类的共同愿望。然而，值得引起我们注意的是，当今世界并不安定。朝韩冲突、中东问题，依然时刻牵动着世界稳定的神经。

第一节　冷战后国际冲突的特征与趋势

　　冷战结束和全球化的迅速发展使国际环境相对和平，[①]在新的历史时代下，求和平、求发展，已经成为历史的主流。然而，当前的国际局势

---

① 　罗文.浅析冷战后国际冲突解决的思路[J].学理论,2013(3):63-64.

依旧不太平,冷战后国际冲突的新趋势和新特征主要有如下几个方面:

一、意识形态冲突减少,种族及宗教冲突增多

冷战后的国际冲突不同于冷战时代的特征之一便是冷战时期的国际冲突更多的属于意识形态冲突,而冷战后的国际冲突更多的属于种族和宗教冲突。冷战在很大程度上根源于美苏两大集团之间的意识形态分歧和对抗。甚至在一定意义上可以说冷战就是意识形态之战。随着苏联的解体、冷战的结束,原来的意识形态紧张局面已大大降低。尽管目前东西方之间在民主、自由、平等、人权等许多价值观念上仍然存在着巨大的差异,但这不再能够成为新的意识形态紧张的根据。以意识形态为核心的国际冲突将逐渐地成为历史,取而代之的是植根于作为殖民主义遗产的民族矛盾、种族冲突和宗教纠纷。

二、全球均势冲突式微,局部均势冲突勃兴

均势,在这里指的是国际关系的一种均衡状态。均势冲突也就是国际关系均衡状态的被打破与恢复。冷战结束后的国际冲突中,全球均势冲突的主导地位却被地区均势冲突取而代之。由于整体冲突国家之间的实力逐渐相当,从而不会出现诸如冷战时期冲突双方不相伯仲的情况。在这种新的情形之下,冲突的爆发就会更多地出现在局部地区,并且局限在微小区域的形式。

三、国际冲突呈现贬值趋势

国际冲突的发展过程大体可分为这样几个阶段:语言冲突阶段、警

告阶段、力量显示阶段、国际危机阶段和国际战争阶段。就冲突的剧烈程度而言,这是一个不断升级的过程。按照传统的观念,国际冲突的参与者甘愿冒国际冲突升级的风险是为了通过国际冲突的扩大而获取更大的利益。但在"二战"后,这种观念却面临一系列的挑战。随着经济全球化的发展以及全球国家体之间的交往增加,利益共同体同存性增大,国际冲突的升级,往往带来的是损人不利己的后果。这种情况下,越来越多的国家清醒地认识到,要在当前社会环境、时代环境下生存和发展,和平共处才是唯一之法。

四、国内冲突日趋国际化

冷战结束以来,世界冲突呈现一个重要的趋势,那就是国际冲突的日益减少与国内冲突的日益增多。但另一方面,外国势力往往会乘机涉入他国国内矛盾和纷争之中,从而使得冲突的地域性减弱,国际扩散性大大增强。[①] 如前苏联的解体、国内的民族矛盾、一些国家政府的腐败无能和经济的衰退瓦解等等,由于外部势力卷入导致国内冲突复杂化,进而扩大为国际冲突。其原因主要是霸权意识作祟。尤其是以美国为首的霸权主义,其四处伸手干预他国事务,维护所谓的全球利益,实则是为了实现自己对全球的把握和掌控,进而实现自己的国家利益。在这种情形下,国内的冲突以及自身的利害关系,冲出了一国的范围而变得更为复杂。

---

① 李晓鹏.全球化与冷战后国际冲突[J].理论导刊,2002(12):54-56.

第二节 世界局势动荡的原因

当前国际形势的动荡和不确定因素仍然很多,"传统安全威胁和非传统安全威胁的因素相互交织,世界经济发展不平衡,南北差距继续扩大"①。世界主要力量对全球地缘战略要地和能源方面的抢夺,再加上民族、宗教和领土等方面的因素,从而使世界热点问题和热点地区不时地出现,新的危机不断发生,局部冲突和战争仍此起彼伏。而且,大量事实表明,霸权主义、强权政治又有新的发展。总的说来,导致当今世界局势动荡的主要原因有以下几个方面:

一、国家利益对撞

国家利益,是一个非常重要的概念,国家利益在世界政治中具有决定性的意义。国家利益本质上指的是掌握国家政权的统治阶级的利益,具有阶级性,且还具有一定的民族性,在一定程度上具有社会公共利益的性质,它是一个国家的最高利益,它的实际内容是不断变化的。一部国际关系史事实上就是一部人类为了各自的国家利益而交往、合作、冲突、斗争的历史。国家利益在国际政治中的重要性由此可见一斑。不同的国家出于对自己国家利益的保护和争夺而互相竞争,甚至引发冲突,正因为如此,所以我们说国家利益的矛盾是国际冲突的根本原因。换言之,国际冲突皆源于国家利益的矛盾和对撞。

---

① 胡锦涛.在沙特协商会议发表重要演讲[N].人民日报,2006 - 04 - 24.

二、霸权主义横行

众所周知,冷战持续40多年的主要原因是美苏各自奉行称霸全球的国际战略。而当苏联解体之后,两极世界变成一霸独行,使美国的霸权主义野心更加膨胀。从一定意义上说,美国霸权是当今世界政治经济秩序的产物①,这种美国霸权主义成为后冷战时代国际冲突的主要原因之一。所谓霸权主义,是指一些强国凭借军事实力对他国进行控制、欺凌,侵占他国利益,危害别国安全,企图在全世界称霸。"二战"后,由于美国手中拥有了无可匹敌的经济和军事实力,已经从地区性大国转变成为世界性大国,美国的国家利益原则也就随之由原来的较为隐讳的强权利益转为公开的强权利益。于是,我们看到从此以后,美国军队经常公开宣称美国军队的根本任务是保卫美国的利益和安全,而它所界定的"美国利益"却几乎覆盖整个地球空间,一切美国权力所能及的地区和方面,都在美国国家利益之列。美国霸权主义的延续和横行,导致控制与反控制、称霸与反称霸的斗争,进而引发世界局势的动荡不安。

三、意识形态的分歧

当今世界主要有两种不同的社会制度,即以美、英等国家为代表的资本主义制度与以中国、朝鲜、古巴、越南和老挝为代表的国家所采取的社会主义制度。冷战时期意识形态的对立,使得社会主义阵营与资本主义阵营之间相互仇视,互相对抗。然而,随着苏联解体,两极格局的结束,意识形态领域的斗争逐渐转为隐逸、不明显的状态。但是出于资本主义与

---

① 和平.美国霸权与伊拉克战争后的世界动荡[J].中国青年政治学院学报,2007(6):57-62.

社会主义在生产方式、分配方式、经济基础与上层建筑之间的显著差别,使得两种制度和意识形态之间的协调、共处存在着很多隔阂和困难。

四、民族主义的爆发

冷战结束后,由民族矛盾引起的世界局势动荡是一个特别值得注意的现象,也是这一时期国际冲突的一个突出特点。民族主义一直是现代世界进程中最重要、最引人注目的动力之一。凡现代历史中具有世界性影响的重大政治事态,从宗教改革到拿破仑战争,从德意志统一到两次世界大战爆发,几乎无不与民族主义相关。在冷战时期,民族主义被社会主义和资本主义两种意识形态的斗争所掩盖而显得较平淡。随着两极格局的崩溃,意识形态的巨大压力突然卸去,各种民族矛盾、民族问题便迅速膨胀,民族主义就显现出异常活跃的态势,并且随着资本主义世界体系的建立,民族观念以及由此衍生出来的主权国家观念从欧洲传播到全世界,现代民族主义的思想和运动便获得了更广泛的市场,具备了全球性的意义。现代国家往往也都是民族国家,民族之间,在文化、种族、价值观等方面的差异,也使得冲突不断,引起世界局势的动荡不安。

第三节　为和谐世界添砖加瓦

当代国际社会并不和谐,局部冲突与战争广泛存在,但这并不影响我们提出构建和谐世界的理想与主张。[①] 和谐世界是我国和谐社会思想的发展,也是我国和平共处的国际交往准则在大的世界层面的美好愿

---

① 蔡拓.和谐世界与中国对外战略的转型[J].吉林大学社会科学学报,2006(5):51 – 58.

望。这不仅是一个奋斗目标,更是我国在外交领域必须采取的外交策略。在当前情势下,实现和谐世界的梦想是有其历史、现实基础的,这主要表现在经济全球化使得全球各国利益变得休戚相关,另外,冷战对峙的历史使得全世界的人民更加重视和平发展对国家的重要性。最后,和谐也符合全世界人民的美好愿望,是从全世界人民的人性和利益出发而发展出来的深刻命题。和谐世界的实现有赖于以下几方面。

一、国家综合实力的提升

理念不是凭空产生的,它是扎根于本民族文化之中并通过倡导者的宣传、示范、吸引等方式逐步确立起来的。对于国家实力问题,其关键不仅是实力基础是否充分、必要或者充分且必要,还包括对实力的正确理解。诚然,没有人否认物质性实力的基础性地位与作用,但国家实力的增强远非经济迅速发展、军事实力显著增强所能完全包含的。20 世纪70 年代后,随着国际交往的日益增多、相互依存的增强,在非对称性相互依存中处于优势地位的一方与处于劣势的一方相比,拥有了更多的权力并能够获得更多的利益,主导国际机制既是该国实力的体现,也是该国国力的重要组成部分。软权力论提出后,意识形态、制度、文化在国家实力中的作用引起了各国的高度重视,成为国家实力的又一重要构成要素。从过程方面来讲,国家实力的增强并成为世界上强大的、先进的、现代化的国家既可以表现为统一进程,也可能出现内在的紧张与冲突。除此之外,国家力量在现代化过程中发挥着至关重要的作用,社会力量的成长、壮大与国家的政策选择密切相关。如果国家在现代化进程中长期推行单纯追求国家力量增长政策的话,社会的进步与国家实力的强大之间就会出现一定程度的停滞现象,甚至是此消彼长的负相关关系,最终的结果可能会导致严重的社会衰败甚至国家溃败。具体到当前中国,必须注意国家实力的有效提升,真正实现中华民族的伟大复兴。

二、推动国际制度建设的力度、水平与实现程度

国家综合实力的显著提升,影响力、吸引力的明显增强只是和谐世界理念的一个方面,另一方面,在国际层面,我们需要可靠的组织平台来倡导、示范该理念。因此,在新的国际国内形势下,除了我们努力夯实和谐理念的国内基础,构建社会主义和谐社会,强化我国的影响力与吸引力外,与周边国家一道,主动推动地区合作机制的建设,切实宣传和践行和谐世界、和谐地区理念应成为新世纪中国周边外交重要的战略性选择。中国作为世界上最大的发展中国家,经过内外政策的调整,在短短的 20 多年中能够迅速崛起,其改革经验在广大发展中国家中是相当有影响力的。此外,中国与广大发展中国家在建立国际新秩序、维护和平、促进发展等广泛的国际问题上有着相同或相似的立场,加强团结与合作符合各国的利益。因此,加强与广大发展中国家间的合作,通过创建类似中非合作论坛等机制,大力宣示与实践和谐世界理念,使它们分享我国经济社会发展所带来的机遇,进而使这一理念在发展中国家普及、内化、制度化、获得合法性是完全可能,也是可行的,并为其在整个国际社会的普及、内化起到示范、宣传、奠基作用。

三、协调主要大国、国际制度的能力

如上所述,和谐世界理念在周边国家及广大发展中国家间的普及、内化、制度化、获得合法性不仅可能,而且是可行的,我国也已经开始了这方面的探索。中国坚持包容精神,尊重世界的多样性,反对歧视不同

文明、文化和制度,加强不同文明的对话和交流,在增进信任和了解的基础上积极推进各国之间的、区域的和全球的合作。① 其中,推动和谐世界理念在世界范围内的普及、内化、制度化,大国是关键。当前,由于主要的国际组织、机制几乎都是"二战"后在美国的推动下建立起来的,以美国为首的西方发达国家在其中发挥着主导作用并获得了巨大的利益。因此,如何说服这些关键性国家接受和谐世界理念,是该理念实现过程中面临的重大挑战。诚然,说服西方发达国家接受和谐世界理念的确存在不小的困难,但在国际关系发生转变的大背景下,只要我们善于把握国际社会变化发展的脉搏,善于把握在新的历史时代背景下的机遇,那么实现和谐世界终不会是个遥不可及的梦想。

总而言之,中华民族自古以来就是热爱和平的民族。我们以天下太平、共享大同为自己的理想。在历史上中国曾经长期是世界上最强大的国家之一,但却没有留下殖民和侵略他国的历史记录。同样地,在冷战已经结束,全世界都在求和平、求发展的今天,随着国力的不断增强,中国将在国际格局中发挥负责任大国的作用,在力所能及的范围内承担更多国际责任和义务,为人类和平与发展的崇高事业做出更大的贡献。

---

① 陆晓红."和谐世界":中国的全球治理理论[J].外交评论,2006(12):63-68.

后　记

　　党的十八大以来，进一步坚持党管人才、党管教育的原则，强化了"立德树人"这一高等教育的根本任务及其落实。《关于进一步加强和改进新形势下高校宣传思想工作的意见》（以下简称《意见》）成为新形势下指导高校意识形态建设及大学生思想政治教育工作的纲领性文献。《意见》从党的宣传思想工作及其事业发展的战略高度看待大学生思想政治教育工作。为此，在新形势下，如何紧紧围绕着大学生的世界观、人生观和价值观的总阀门，进一步有效地实施高校思想政治理论课这一大学生思想政治教育的主渠道的建设工程，推进思想政治理论课建设的综合改革和创新体系，从而提升大学生思想政治教育工作的境界，这是思想政治理论课教育教学工作者不得不思考和实践的重大课题。

　　课程内容创新体系、教育方法创新体系、体制机制创新体系、教师队伍融合创新体系、教育资源整合创新体系等构筑了人才培养的强大优势和合力。然而，要充分发挥思想政治理论课建设创新体系的有效的教育目的，就必须理解大学生生活世界的真切及其内心世界中的镜像意义，这"双重世界"汇聚于现实的感性的实践。为此，是从教师、课本出发，还是从学生实际出发，这是思想政治教育的两条根本的不同路径。前者为参与到教育活动中的人们所熟悉的、习惯的，它简便、易行，而后者则费事、费神。现代教育理念主张要实现由教师主体到学生主体的变革,其实无非就是将这一路径倒置过来,但在现代教育实践过程中,这条路走得是多么艰难、多么不易啊!唯有投入大量的时间和精力,开展调查研究,深入学生中,思想政治理论课教育教学才能真正贴近学生、贴近生活、贴近实际,做到"有的放矢"。习惯于前一条教育路径,是导致思想政治理论课"高、大、上"的虚假幻象的重要原因之一。只有从后一条教育路径出发,思想政治理论课教育教学才能生动、接地气。从教材体系向教学体系转变,进而从教学体系向信仰体系转变,只是上述教育路径转变在现代教育理论诉求的另一种表达。

《大学生关注的理论热点面对面》的编写,正是我们在新形势下推进思想政治理论课教育路径选择创新的一种尝试:"让学生说话"取代"教师代言"。课题组通过十几年教育实践的跟踪和调研,梳理了5大类、20个大学生关心的热点问题,这些问题既是中国特色社会主义理论体系重点和难点问题,也是中国特色社会主义实践中的热点和焦点问题,它们与大学生成长成才相伴,关系到大学生正确的世界观、人生观和价值观的养成,贯穿中国改革开放的全过程,富有时代性。在写作的文风上,我们力求通俗化,以与大学生"面对面"交流方式呈现。

当代大学生是朝气蓬勃的一代,是思想活跃的一代。高校思想政治理论教育工作者要不断强化自身的使命感、责任感、荣誉感、归属感的融合,不仅要成为高校稳定和事业发展的主力,更要成为大学生人生的导师。我们创意策划了这部更有针对性、更有亲和力、更具可读性的思想政治理论教育读本,借以切合大学生的实际需要和兴趣喜爱,这是坚持理论自信、自觉的表现,通过对这些问题的讨论,希望引发广大大学生和思想政治理论课教师同仁的进一步思考,将中国特色社会主义理论体系的研究引向深入。本书由5篇、20章组成,著作者名录如下:第一篇高红、方章东;第二篇刘莉、高红;第三篇高红、张传文;第四篇刘莉、方章东;第五篇刘莉、张传文。硕士研究生魏纯、罗纳、张新秀、徐思贤、汪蕾等对以上相应篇章做了资料准备、初稿撰写等工作。方章东负责本书提纲的拟定及统稿、修改和定稿工作。

在本书即将付梓之际,我们衷心地感谢安徽文艺出版社为本书的顺利编辑出版所付出的努力。书中错漏不当之处,均系著作者责任,敬请读者批评指正。

著　者

2015 年 12 月 9 日